특목고 · 내신 대비 어휘 정복 프로젝트!!

Top
Vocabulary

Worldcom Contents Development Team

중급
Level 3

WorldCom ELT

수많은 어휘 교재가 출간되었음에도 불구하고 학생들의 단어 실력을 체계적이고 효율적으로 길러주는 책을 찾기가 몹시도 어려운 실정입니다. 시험에서 활용도가 떨어지는 불필요한 사항만을 다루거나 무조건 외우게 하여 학습 부담을 가중시키거나 다양한 영어 시험에 대비해야 하는 우리 학생들의 실정에 걸맞지 않는 교재들이 흔합니다.

Top Vocabulary는 이와 같은 현실을 개선하기 위하여 탄생한 어휘 교재입니다. 학생들이 단어를 익힐 수 있도록 구성된 다양한 문제를 해결하면서 익힐 수 있도록 하였습니다.

영어 공부에 있어서 문법을 바로 알고 독해력을 습득하는 것은 매우 중요합니다. 그러나 이것을 이루기 위해서는 기본적이며 필수적인 단어를 외우는 능력, 즉 어휘력이 그 첫 번째가 됩니다. 영어를 잘하기 위해서는 많이 듣고, 읽고, 말하고, 쓰는 연습을 해야 합니다. 그런데 말이란 여러 개의 단어들로 구성되어 있으니 단어를 잘 알아야 영어 능력이 향상시킬 수 있습니다.

영어 단어를 보다 효율적으로 익히려면 반복하여 읽고 쓰는 연습이 가장 효과적입니다. 하지만 단어를 단순하게 하나 하나 암기하는 것은 곧 잊어버리게 되고, 영어에 대한 흥미도 사라지게 됩니다. 학생 여러분들의 어휘력을 증강시키려면 반드시 실용적인 예문을 많이 읽고, 많이 쓰는 것을 반복하십시오.

부디 중도에서 포기하지 말고 끝까지 노력하시길 바랍니다. 그렇게 하면 여러분이 앞으로 도전할 각종 시험에서 고득점을 성취하실 수 있게 됩니다.
여러분의 건투를 빕니다.

여러분을
단어왕으로 만드는
학습법

반드시 지켜야 할 4계명

1. 연습장이라고 생각하고 빈 공간을 무조건 쓰면서 암기한다
2. 하루라도 거르지 않고 매일 학습한다
3. 적어도 이 책을 3번 반복하여 학습한다
4. 네이티브의 발음을 따라하면서 학습한다

이 책의 4단계 단어 암기법 특징

1단계: 새로운 단어를 3번씩 써보면서 외우기!!

제시된 단어를 3번씩 써보고, 무료로 제공되는 MP3 화일로 원어민의 정확한 발음을 익히고 따라하자

2단계: 영어는 우리말로, 우리말은 영어로 써보면서 다시 외워보자!!

영어 실력의 80%는 단어 실력이라는데 우리말을 보면서 영어로 외우고 영어를 우리말로 암기하면 쑥쑥 늘어가는 단어 실력을 느낄 수 있다

3단계: 문장에 알 맞는 단어를 써보면서 외운 단어 확인해보자!!

암기한 단어를 활용하여 문장에 넣을 수가 있다면 단어에 대한 큰 자신감이 생긴다

4단계: 토플, 토익, 텝스등 각종 시험에 대비하여 영영풀이로 써보면서 자신의 단어 실력을 업그레이드 하자!!

단어의 뜻을 영영적인 표현으로 익히는 연습을 하면 원서나 각종 영어 시험에도 고득점에 도전할 수 있는 초석을 다지게 된다

TOP Vocabulary 중급 Level 3

Worldcom Contents Development Team

ⓒ 2007 published by WorldCom Publishing Inc.

Cover/Interior Design: Joo Design

펴낸이 | 임 병 업
펴낸곳 | (주)월드컴 에듀
등록 | 2000년 1월 17일
주소 | 서울특별시 강남구 도곡동 467-6
대림 아크로텔 C동 1403호
전화 | 02)3273-4300(대표)
팩스 | 02)3273-4303
홈페이지 | www.wcbooks.co.kr
이메일 | wc4300@wcbooks.co.kr

Contents

단어퀴즈 · 정답(별책)

단어공부 1일째

따라하기 | 단어를 세 번씩 따라 써보세요.

1	**nerve** [nəːrv]	n. ❶ 신경 ❷ 용기(= courage) ▶ nervous : a. 신경질적인, 초조한
2	**soul** [soul]	n. ❶ 정신, 혼 ❷ 사람
3	**faith** [feiθ]	n. ❶ 신뢰 ❷ 신앙 ▶ faithful : a. 충실한
4	**reputation** [rèpjutéiʃən]	n. 명성; 평판(= fame)
5	**welfare** [wélfɛər]	n. 복지, 복리(= well-being)
6	**prosperity** [prɑspérəti]	n. 번영 ▶ prosper : v. 번영하다
7	**temper** [témpər]	n. ❶ 성질, 성미 ❷ 화
8	**fancy** [fǽnsi]	n. ❶ 공상 ❷ 애호, 좋아함

연습문제 1 | 영어는 우리말로, 우리말은 영어로 써 보세요.

1. prosperity _____
2. soul _____
3. fancy _____
4. reputation _____
5. temper _____
6. nerve _____
7. faith _____
8. welfare _____

1. 복지 _____
2. 번영 _____
3. 정신, 혼 _____
4. 공상 _____
5. 신뢰; 신앙 _____
6. 성질; 화 _____
7. 명성; 평판 _____
8. 신경; 용기 _____

연습문제 2 문장에 알맞는 단어를 써 보세요.

1. 우리는 우리 국민의 복지를 위해 일한다.
   We work for the _____ of our nation.

2. 그 이야기는 일부는 사실이고 일부는 공상이다.
   The story is partly fact and partly _____.

3. 그 순간, 내 몸 속의 모든 신경이 곤두서는 것을 느꼈다.
   At that moment, I felt every _____ in my body got tense.

4. 행복과 번영을 빌어.
   We wish you happiness and _____.

5. 죽음은 영혼과 육신을 갈라 놓는다.
   Death separates _____ and body.

6. 그녀는 성격이 아주 유쾌하다.
   She has a very sweet _____.

7. 자기자신에 대해 신뢰를 가져라. 그러면 성공할 것이다.
   Have _____ in yourself; you'll succeed.

8. 그 음식점은 음식 맛도 좋고 서비스는 최상이라는 평판이 있다.
   The restaurant has a _____ for good food and excellent service.

연습문제 3 영영풀이에 맞는 단어를 써 보세요.

1. _____ : practical care for the health, housing, etc. of a group

2. _____ : spirit

3. _____ : one's emotional nature, often of anger

4. _____ : the general opinion of a person

5. _____ : belief based on trust; religious belief

6. _____ : parts carrying messages between the brain and other parts of the body

7. _____ : success; wealth

8. _____ : imagination

단어공부 1일째

9	**myth** [miθ]	n. ❶ 신화 ❷ 잘못된 통념		
10	**biography** [baiágrəfi]	n. 일대기, 전기 ▶ biographer : n. 전기작가		
11	**astronomy** [əstránəmi]	n. 천문학 ▶ astronomer : n. 천문학자		
12	**sphere** [sfíər]	n. 구(球), 구체(↔a ball) ▶ spherical : a. 구형의		
13	**orbit** [ɔ́ːrbit]	n. 궤도 v. 궤도를 돌다		
14	**landscape** [lǽndskèip]	n. 풍경, 경치(= scenery)		
15	**origin** [ɔ́ːrədʒin]	n. 기원; 유래		
16	**evolution** [èvəlúːʃən]	n. 진화; 점진적 발달 ▶ evolve : v. 진화하다, 서서히 발달하다		

연습문제 1 | 영어는 우리말로, 우리말은 영어로 써 보세요.

1. origin _____
2. astronomy _____
3. evolution _____
4. biography _____
5. sphere _____
6. landscape _____
7. myth _____
8. orbit _____

1. 궤도 _____
2. 일대기 _____
3. 풍경, 경치 _____
4. 신화 _____
5. 기원; 유래 _____
6. 천문학 _____
7. 진화 _____
8. 구(球), 구체 _____

연습문제 2 문장에 알맞는 단어를 써 보세요.

1. 지구가 태양 주위를 한 바퀴 도는 데는 약 365일이 걸린다.
   The _____ of the earth around the sun takes about 365 days.

2. 많은 영어단어들의 기원은 알려져 있지 않다.
   The _____ of many English words are unknown.

3. 지구는 완전한 공 모양은 아니다.
   The earth is not a perfect _____ .

4. 인류의 기원에 관해서는 많은 신화가 있다.
   There are many _____ about how the world began.

5. 다윈의 진화론에 대해 강의할 것이다.
   I'm going to lecture on Darwin's theory of _____ .

6. 열차 승객들은 지나가는 풍경을 지켜보았다.
   The train passengers watched the passing _____ .

7. 링컨의 전기를 읽어 본 적이 있니?
   Have you ever read a _____ of Lincoln?

8. 내 동생은 천문학에 관심이 상당히 많다.
   My brother is greatly interested in _____ .

연습문제 3 영영풀이에 맞는 단어를 써 보세요.

1. _____ : the way an area of land looks

2. _____ : a round object

3. _____ : the history of a person's life

4. _____ : the place where something starts

5. _____ : a story from ancient cultures about history, gods, or heroes

6. _____ : the development of all living things

7. _____ : the scientific study of stars and the universe

8. _____ : a path in space followed by a planet, moon, or spacecraft

단어공부 2일째

17	**barometer** [bərámətər]	n. 기압계; 지표, 척도		
18	**mischief** [místʃif]	n. 장난 ▶ mischievous : a. 짓궂은		
19	**device** [diváis]	n. (기계)장치		
20	**fault** [fɔːlt]	n. ❶ 결점, 흠 ❷ 잘못, 과오		
21	**attitude** [ǽtitùːd]	n. 태도, 자세		
22	**ambition** [æmbíʃən]	n. 야망, 포부 ▶ ambitious : a. 야심찬		
23	**poetry** [póuitri]	n. (집합적)시 (↔prose) ▶ poem : n. (개개의) 시 / poet : n. 시인		
24	**suburb** [sʌ́bəːrb]	n. 교외		

연습문제 1 영어는 우리말로, 우리말은 영어로 써 보세요.

1. ambition _____
2. fault _____
3. mischief _____
4. poetry _____
5. barometer _____
6. device _____
7. attitude _____
8. suburb _____

1. (기계)장치 _____
2. 야망, 포부 _____
3. 기압계; 지표 _____
4. 교외 _____
5. 장난 _____
6. (집합적)시 _____
7. 결점; 잘못 _____
8. 태도 _____

연습문제 2 문장에 알맞은 단어를 써 보세요.

1. 자동응답기는 유용한 장치이다.
An answering machine is a helpful _____ .

2. 모든 일에 긍정적인 태도를 가져라.
Take a positive _____ toward everything.

3. 기압계가 떨어지고 있어.
The _____ is falling.

4. 우리는 교외에 살기 때문에 나는 도시의 직장으로 차를 몰고 가야 한다.
We live in the _____ , so I have to drive to work in the city.

5. 그의 야망은 대 과학자가 되는 것이다.
His _____ is to become a great scientist.

6. 그녀는 장난을 치는 버릇이 있다.
She's always getting into _____ .

7. 우리 모두는 결점이 있다.
We all have our _____ .

8. 누구도 그녀가 언제 시를 쓰기 시작했는지 모른다.
No one is really sure when she started to write _____ .

연습문제 3 영영풀이에 맞는 단어를 써 보세요.

1. _____ : something made for a special purpose

2. _____ : an instrument that measures air pressure

3. _____ : desire to succeed

4. _____ : an outer part of a town or city

5. _____ : a weakness in character

6. _____ : poems in general

7. _____ : the way of thinking or feeling about something

8. _____ : bad behavior, usually by children

단어공부 2일째

따라하기 단어를 세 번씩 따라 써보세요.

25	**harvest** [háːrvist]	n. 수확 v. 수확하다
26	**blossom** [blásəm]	n. (과수의)꽃(= bloom) v. (나무에) 꽃이 피다
27	**ape** [eip]	n. (꼬리없는) 원숭이, 유인원
28	**fur** [fəːr]	n. (동물의) 모(毛); 모피(제품)
29	**mold** [mould]	n. 곰팡이 ▶ moldy : a. 곰팡난
30	**worm** [wəːrm]	n. 지렁이, 벌레
31	**mosquito** [məskíːtou]	n. 모기
32	**progress** [prágres]	n. 전진, 진보 v. 진보하다

연습문제 1 영어는 우리말로, 우리말은 영어로 써 보세요.

1. blossom _____
2. mold _____
3. worm _____
4. ape _____
5. progress _____
6. fur _____
7. harvest _____
8. mosquito _____

1. 모피(제품) _____
2. 모기 _____
3. 수확 _____
4. 곰팡이 _____
5. 원숭이 _____
6. (과수의)꽃 _____
7. 전진, 진보 _____
8. 지렁이 _____

연습문제 2 　문장에 알맞는 단어를 써 보세요.

1. 저 고양이의 털이 아름답다.
   That cat has beautiful ＿＿＿＿＿＿＿.

2. 침팬지와 고릴라는 둘 다 원숭이의 일종이다.
   Chimpanzees and gorillas are both types of ＿＿＿＿＿＿＿.

3. 암컷 모기는 동물들을 물어 피를 빤다.
   The female ＿＿＿＿＿＿＿ bites animals to suck their blood.

4. 농부들은 옥수수 수확을 시작했다.
   The farmers began the corn ＿＿＿＿＿＿＿.

5. 그들은 대기 오염문제 해결에 진전을 보고 있다.
   They are making ＿＿＿＿＿＿＿ in solving the problems of air pollution.

6. 흙속에는 지렁이가 많다.
   There are a lot of ＿＿＿＿＿＿＿ in the soil.

7. 배나무에 배꽃이 피어 있다.
   The pear trees are in ＿＿＿＿＿＿＿.

8. 곰팡이때문에 빵을 못 먹게 됐다.
   ＿＿＿＿＿＿＿ has spoiled the bread.

연습문제 3 　영영풀이에 맞는 단어를 써 보세요.

1. ＿＿＿＿＿＿＿ : the hairy coat of an animal

2. ＿＿＿＿＿＿＿ : a small, crawling animal with soft body and no legs

3. ＿＿＿＿＿＿＿ : the act of gathering crops

4. ＿＿＿＿＿＿＿ : a small, biting, blood-sucking insect

5. ＿＿＿＿＿＿＿ : a fungus growing on cloth, rubber, plants, etc.

6. ＿＿＿＿＿＿＿ : a mass of flowers on a tree or bush

7. ＿＿＿＿＿＿＿ : the act of going forward, advance

8. ＿＿＿＿＿＿＿ : a large monkey without a tail, such as a chimpanzee

단어공부 3일째

33	**evidence** [évədəns]	n. 증거 ▶ evident : a. 명백한		
34	**conflict** [kánflikt]	n. 충돌, 대립 v. 충돌하다, 모순되다		
35	**profession** [prəféʃən]	n. 전문직; 직업 (= occupation)		
36	**agriculture** [ǽgrikÀltʃər]	n. 농업 ▶ agricultural : a. 농업의		
37	**environment** [inváiərənmənt]	n. 환경 ▶ environmental : a. 환경의		
38	**temptation** [temptéiʃən]	n. 유혹; 유혹물 ▶ tempt : v. 유혹하다		
39	**function** [fÀŋkʃən]	n. 기능 v. 기능하다, 작용하다		
40	**obstacle** [ábstəkəl]	n. 장애물 (= barrier)		

연습문제 1 영어는 우리말로, 우리말은 영어로 써 보세요.

1. temptation _____
2. profession _____
3. function _____
4. environment _____
5. evidence _____
6. obstacle _____
7. agriculture _____
8. conflict _____

1. 농업 _____
2. 유혹; 유혹물 _____
3. 충돌, 대립 _____
4. 장애물 _____
5. 전문직; 직업 _____
6. 기능 _____
7. 환경 _____
8. 증거 _____

연습문제 2 문장에 알맞은 단어를 써 보세요.

1. 환경은 생물의 성장과 건강에 영향을 줄 수 있다.
   The _____ can affect the growth and health of living things.

2. 그는 직업이 극작가이다.
   He is a dramatist by _____.

3. 우리는 더욱 개량된 농업방식이 필요하다.
   We need better methods of _____.

4. 교육을 못 받은 것이 그의 성공을 가로막는 큰 장애물이었다.
   Lack of education was the main _____ to his success.

5. 그가 유죄라는 증거는 없다.
   There is no _____ that he is guilty.

6. 심장의 기능은 전신에 혈액을 공급하는 것이다.
   The _____ of the heart is to pump blood through the body.

7. 국가간에는 종종 이해의 충돌이 일어난다.
   _____ of interest often occur between nations.

8. 유혹에 넘어가지 말라.
   Don't give in to _____.

연습문제 3 영영풀이에 맞는 단어를 써 보세요.

1. _____ : a desire to do something that you should not do

2. _____ : words or things that prove something

3. _____ : a job requiring a special education

4. _____ : the natural world of land, air and water

5. _____ : a disagreement; an argument

6. _____ : something that gets in the way and stops progress

7. _____ : farming

8. _____ : a special purpose or activity

단어공부 3일째

41	**consequence** [kánsəkwəns]	n. 결과(= result)		
42	**destiny** [déstəni]	n. 운명(= fate), 숙명		
43	**proverb** [právə:rb]	n. 속담, 격언		
44	**comedy** [kámədi]	n. 희극 ▶ comic : a. 희극적인		
45	**tragedy** [trǽdʒədi]	n. 비극 ▶ tragic : a. 비극적인		
46	**chaos** [kéiɑs]	n. 혼돈, 무질서(= confusion) ▶ chaotic : a. 대혼란인, 무질서한		
47	**companion** [kəmpǽnjən]	n. 친구, 동료		
48	**motive** [móutiv]	n. 동기		

연습문제 1 ｜ 영어는 우리말로, 우리말은 영어로 써 보세요.

1. proverb _____
2. tragedy _____
3. consequence _____
4. companion _____
5. comedy _____
6. destiny _____
7. motive _____
8. chaos _____

1. 운명, 숙명 _____
2. 친구, 동료 _____
3. 희극 _____
4. 동기 _____
5. 혼돈, 무질서 _____
6. 결과 _____
7. 속담, 격언 _____
8. 비극 _____

연습문제 2 | 문장에 알맞는 단어를 써 보세요.

1. 운명이 우리를 맺어 주었다.
   _____ brought us together.

2. 그는 비극보다 희극을 더 좋아한다.
   He prefers _____ to tragedy.

3. 지진이 강타한 후 그 마을은 대혼란 상태였다.
   The village was in _____ after the earthquake struck.

4. 당신은 그들이 우리를 자기들 집에 초대한 동기가 무엇인지 압니까?
   Do you know what was their _____ for inviting us to their house?

5. 그에게는 그의 개가 가장 가까운 친구이다.
   His dog is his closest _____ .

6. 그의 딸의 죽음은 비극이었다.
   His daughter's death was a _____ .

7. 속담에 있듯이 한 가지에 모든 것을 걸지 말라.
   As the _____ goes, don't put all your eggs in one basket.

8. 늦게 자면 결과적으로 깨고 나서 피곤하게 된다.
   One _____ of going to sleep late at night is waking up tired.

연습문제 3 | 영영풀이에 맞는 단어를 써 보세요.

1. _____ : the influence of uncontrollable forces on life, fate

2. _____ : a very sad event or drama

3. _____ : the result of doing something

4. _____ : when something is completely unorganized and messy

5. _____ : a reason, purpose for doing something

6. _____ : a short saying rich in meaning

7. _____ : someone who goes with another person; a friend, partner

8. _____ : a funny movie, play, piece of writing, etc.

단어공부 4일째

따라하기 단어를 세 번씩 따라 써보세요.

49	**nomad** [nóumæd]	n. 유목민 ▶ nomadic : a. 유목민의	
50	**adversity** [ædvə́:rsəti]	n. 역경 ▶ adverse : a. 반대의; 불운한, 불리한	
51	**trend** [trend]	n. 경향, 추세	
52	**ceremony** [sérəməni]	n. 의식, 식 ▶ ceremonial : a. 의식의	
53	**meteorite** [mí:tiərait]	n. 운석, 별똥	
54	**contract** [kántrækt]	n. 계약 v. 계약하다	
55	**foundation** [faundéiʃən]	n. ❶ 토대, 기초 ❷ 창설, 설립	
56	**passion** [pǽʃən]	n. 열정, 격정 ▶ passionate : a. 열정적인, 열렬한	

연습문제 1 영어는 우리말로, 우리말은 영어로 써 보세요.

1. trend _____	1. 역경 _____
2. foundation _____	2. 계약; 계약하다 _____
3. nomad _____	3. 의식, 식 _____
4. meteorite _____	4. 열정, 격정 _____
5. passion _____	5. 경향, 추세 _____
6. adversity _____	6. 유목민 _____
7. contract _____	7. 토대; 창설 _____
8. ceremony _____	8. 운석 _____

연습문제 2 문장에 알맞는 단어를 써 보세요.

1. 그들은 그 집의 매매계약서에 서명했다.
   They signed a _____ to buy the house.

2. 사막의 유목민은 텐트를 가지고 다닌다.
   A desert _____ takes his tent with him.

3. 사랑, 증오, 노여움은 열정이다.
   Love, hate, and anger are _____.

4. 소형차 생산이 현재의 추세이다.
   The current _____ is to make smaller cars.

5. 우리학교에서는 오늘 졸업식이 있었다.
   Our school had a graduation _____ today.

6. 자유국가의 기초는 민주주의이다.
   The _____ of free nations is democracy.

7. 행복에 이르는 길은 역경으로 덮여 있다.
   The road to happiness is paved with _____.

8. 운석의 화학적 특징에는 태양계의 초기 역사를 알 수 있는 실마리가 있다.
   _____'s chemical characteristics carry clues to the early history of the solar system.

연습문제 3 영영풀이에 맞는 단어를 써 보세요.

1. _____ : the way something is changing

2. _____ : an idea or a fact, etc. on which something is based

3. _____ : bad luck

4. _____ : a small meteor that lands on Earth

5. _____ : one who constantly moves in search of food and water

6. _____ : a strong feeling such as love, anger, or hatred

7. _____ : an agreement, usu. written and signed by those making it

8. _____ : a special act or series of acts established by tradition

단어공부 4일째

57	**zeal** [zi:l]	n. 열심, 열의 ▶ zealous : a. 열심인, 열의 있는
58	**friction** [fríkʃən]	n. 마찰
59	**tension** [ténʃən]	n. 긴장, 불안 ▶ tense : a. 긴장한
60	**status** [stǽtəs]	n. 지위
61	**statistics** [stətístiks]	n. ❶ 통계(수치) ❷ 통계학
62	**metropolis** [mətrάpəlis]	n. 대도시 ▶ metropolitan : a. 대도시의
63	**funeral** [fjúːnərəl]	n. 장례식 a. 장례식의
64	**ecology** [iːkάlədʒi]	n. 생태계(= ecosystem); 생태학 ▶ ecologist : n. 생태학자

연습문제 1 | 영어는 우리말로, 우리말은 영어로 써 보세요.

1. statistics _____
2. funeral _____
3. friction _____
4. ecology _____
5. zeal _____
6. metropolis _____
7. tension _____
8. status _____

1. 지위 _____
2. 대도시 _____
3. 열심, 열의 _____
4. 장례식 _____
5. 마찰 _____
6. 통계(수치) _____
7. 생태계 _____
8. 긴장, 불안 _____

연습문제 2 문장에 알맞는 단어를 써 보세요.

1. 통계를 보면 요즈음 대체로 사람들은 더 오래 산다.
   _____ show that people in general live longer these days.

2. 유선형은 공기마찰을 감소시킨다.
   The streamline shape reduces air _____ .

3. 그 도시는 고층빌딩들이 들어선 대도시로 재건설될 것이다.
   The city will be rebuilt as a _____ of skyscrapers.

4. 그 기름 유출사고로 취약한 생태계가 끔찍한 피해를 입었다.
   The oil spill caused terrible damage to the fragile _____ .

5. 그녀는 젊었을 때 열심히 영어를 공부했다.
   She studied English with _____ when she was young.

6. 장례식은 월요일에 있을 것이다.
   The _____ will take place on Monday.

7. 그의 농담이 방안의 긴장을 완화했다.
   His joke eased the _____ in the room.

8. 의사는 우리 사회에서 보통 높은 지위를 차지한다.
   Doctors usually have high _____ in our society.

연습문제 3 영영풀이에 맞는 단어를 써 보세요.

1. _____ : the collection and study of numerical information

2. _____ : a ceremony that happens after you die

3. _____ : a state of stress

4. _____ : eagerness to do something

5. _____ : the relationships between humans, animals and plants, etc.

6. _____ : resistance that results when two surfaces are rubbed together

7. _____ : a major city; any large, busy city

8. _____ : a person's social or professional position in relation to others

단어공부 5일째

65	**anniversary** [ǽnəvə́ːrsəri]	n. 기념일
66	**superstition** [sùːpərstíʃən]	n. 미신 ▶ superstitious : a. 미신에 사로잡힌
67	**penalty** [pénəlti]	n. 벌 (= punishment)
68	**portrait** [pɔ́ːrtrit]	n. 초상, 초상화
69	**particle** [pάːrtikl]	n. ❶ 극소량 ❷ 미립자
70	**vogue** [voug]	n. 유행 (= fashion)
71	**expert** [ékspəːrt]	n. 전문가 a. 능숙한
72	**plague** [pleig]	n. ❶ 전염병 ❷ 재앙, 천벌 v. 괴롭히다, 성가시게하다

1. portrait
2. anniversary
3. vogue
4. penalty
5. expert
6. plague
7. superstition
8. particle

1. 전문가
2. 미신
3. 전염병
4. 초상, 초상화
5. 기념일
6. 극소량
7. 벌
8. 유행

연습문제 2 문장에 알맞는 단어를 써 보세요.

1. 그녀는 유명 화가에게 자기 초상화를 그리게 했다.
   She had her ＿＿＿＿＿＿ painted by a famous artist.

2. 50달러의 벌금은 그녀가 과속을 해서 받은 벌이었다.
   A $50 fine was her ＿＿＿＿＿＿ for speeding.

3. 그는 곤충 전문가이다.
   He is an ＿＿＿＿＿＿ on insects.

4. 내일은 혁명 20주년 기념일이다.
   Tomorrow is the twentieth ＿＿＿＿＿＿ of the revolution.

5. 전염병이 도는 동안 수천명이 죽었다.
   Thousands of people died during the ＿＿＿＿＿＿.

6. 검은 고양이를 보면 악운이 따른다고 믿는 것은 미신이다.
   The belief that a black cat will bring bad luck is a ＿＿＿＿＿＿.

7. 공기중에 미세 먼지들이 떠다니고 있다.
   ＿＿＿＿＿＿ of dust are floating in the air.

8. 그 노래는 한때 유행했다.
   That song was ＿＿＿＿＿＿ at one time.

연습문제 3 영영풀이에 맞는 단어를 써 보세요.

1. ＿＿＿＿＿＿ : a painting or drawing of a person

2. ＿＿＿＿＿＿ : a belief in things that aren't real or possible

3. ＿＿＿＿＿＿ : someone with special knowledge or training

4. ＿＿＿＿＿＿ : a very small piece of something

5. ＿＿＿＿＿＿ : a disease that spreads quickly and kills many victims

6. ＿＿＿＿＿＿ : a punishment, or fine, imposed for breaking rules or laws

7. ＿＿＿＿＿＿ : a yearly celebration of an event that happened in the past

8. ＿＿＿＿＿＿ : fashion, trend

단어공부 5일째

73	**summary** [sʌ́məri]	n. 요약　▶ summarize : v. 요약하다	
74	**trial** [tráiəl]	n. ❶ 재판　❷ 시험(= test)	
75	**ritual** [rítʃuəl]	n. 의식	
76	**prey** [prei]	n. (육식 동물의) 먹이, 밥; 희생물	
77	**charity** [tʃǽrəti]	n. 자선; 자선단체　▶ charitable : a. 자비로운	
78	**fraction** [frǽkʃən]	n. ❶ 소량　❷ 분수	
79	**empire** [émpaiər]	n. 제국　▶ imperial : a. 제국의	
80	**mission** [míʃən]	n. 사명, 임무	

연습문제 1 영어는 우리말로, 우리말은 영어로 써 보세요.

1. mission	_____	1. 요약	_____
2. charity	_____	2. 소량; 분수	_____
3. trial	_____	3. (육식 동물의) 먹이	_____
4. empire	_____	4. 사명, 임무	_____
5. ritual	_____	5. 자선; 자선단체	_____
6. prey	_____	6. 제국	_____
7. fraction	_____	7. 의식	_____
8. summary	_____	8. 재판; 시험	_____

연습문제 2   문장에 알맞는 단어를 써 보세요.

1. 그는 버는 돈의 소액만 저축한다.
   He saves only a _____ of what he earns.

2. 재판으로 그는 유죄로 판명되었다.
   The _____ proved that he was guilty.

3. 닭은 종종 매의 밥이 된다.
   Chickens are often the _____ of hawks.

4. 고대 로마제국은 막강했다.
   The _____ of ancient Rome was powerful.

5. 이 장을 간단히 요약하세요.
   Give a brief _____ of this chapter.

6. 의사의 사명은 생명을 구하는 것이다.
   A doctor's _____ is to save lives.

7. 그는 일생을 자선활동에 바쳤다.
   He devoted his life to _____.

8. 세례는 많은 교회들이 행하는 의식의 일부이다.
   Baptism is part of the _____ of many churches.

연습문제 3   영영풀이에 맞는 단어를 써 보세요.

1. _____ : an animal hunted for food

2. _____ : a brief statement of the highlights of an event or work

3. _____ : a very small amount of something

4. _____ : the purpose or goal

5. _____ : a ceremony or rite done to mark a sacred event or day

6. _____ : organizations that help people

7. _____ : a group of nations ruled by an emperor

8. _____ : a legal proceeding before a judge to decide guilt or innocence

단어 test 1~5일

알맞은 단어를 골라서 쓰시오.

> evolution   attitude   reputation   orbit   biography

1. The restaurant has a _____ for good food and excellent service.

2. The _____ of the earth around the sun takes about 365 days.

3. I'm going to lecture on Darwin's theory of _____.

4. Have you ever read a _____ of Lincoln?

5. Take a positive _____ toward everything.

빈칸에 들어갈 알맞은 단어를 고르시오.

1. The _____ can affect the growth and health of living things.
   a. event   b. position   c. environment   d. accident

2. He is a dramatist by _____.
   a. work   b. labor   c. profession   d. salary

3. The _____ of the heart is to pump blood through the body.
   a. means   b. chance   c. state   d. function

4. One _____ of going to sleep late at night is waking up tired.
   a. importance   b. moment   c. issue   d. consequence

5. A desert _____ takes his tent with him.
   a. individual   b. community   c. nomad   d. subject

C 빈칸에 들어갈 단어의 알맞은 형태를 고르시오.

1. ＿＿＿＿＿＿＿＿ of interest often occur between nations.

    a. Conflicts   b. Conflicted   c. Conflictive

2. The ＿＿＿＿＿＿＿＿ of free nations is democracy.

    a. found   b. foundation   c. foundational

3. ＿＿＿＿＿＿＿＿ show that people in general live longer these days.

    a. Statistic   b. Statistics   c. Statistical

4. The oil spill caused terrible damage to the fragile ＿＿＿＿＿＿＿＿.

    a. ecologic   b. ecology   c. ecologist

5. Give a brief ＿＿＿＿＿＿＿＿ of this chapter.

    a. summary   b. summarize   c. summarycourt

D 다음 주어진 단어를 문맥에 맞게 고치시오.

1. We wish you happiness and (prosperous)＿＿＿＿＿＿＿＿.

2. Have (faithful)＿＿＿＿＿＿＿＿ in yourself; you'll succeed.

3. My brother is greatly interested in (astronomical)＿＿＿＿＿＿＿＿.

4. An answering machine is a helpful (devise)＿＿＿＿＿＿＿＿.

5. We all have our (faulty)＿＿＿＿＿＿＿＿.

단어공부 6일째

따라하기 단어를 세 번씩 따라 써보세요.

81	**masterpiece** [mǽstərpiːs]	n. 걸작, 대작		
82	**interval** [íntərvəl]	n. (시간적·공간적) 간격, 사이		
83	**emigrant** [émigrənt]	n. (출국) 이민자(↔immigrant)		
84	**destination** [destənéiʃən]	n. 목적지		
85	**minimum** [mínəməm]	n. 최소 한도(↔maximum)		
86	**sermon** [sə́ːrmən]	n. 설교		
87	**core** [kɔːr]	n. 핵심		
88	**surgeon** [sə́ːrdʒən]	n. 외과 의사		

연습문제 1 영어는 우리말로, 우리말은 영어로 써 보세요.

1. destination _____
2. sermon _____
3. interval _____
4. surgeon _____
5. emigrant _____
6. minimum _____
7. core _____
8. masterpiece _____

1. 외과 의사 _____
2. (출국)이민 _____
3. 걸작, 대작 _____
4. 핵심 _____
5. 목적지 _____
6. 설교 _____
7. (시간적)간격 _____
8. 최소 한도 _____

연습문제 2 문장에 알맞는 단어를 써 보세요.

1. 목사는 자비의 중요성에 대해 설교했다.
   The priest gave a _____ on the importance of charity.

2. 이민자들은 많은 나라로 흩어졌다.
   The _____ scattered to many countries.

3. 이 소설은 저자의 걸작으로 여겨진다.
   This novel is considered the author's _____.

4. 그의 강의의 핵심은 품질 향상에 관한 것이다.
   The _____ of his lecture has to do with the improvement of quality.

5. 그 편지는 결코 목적지에 도착하지 못했다.
   The letter never reached its _____.

6. 외과 의사는 수술을 하는 의사이다.
   A _____ is a doctor who performs operations.

7. 5년의 간격을 두고 그와 그녀는 여기를 떠났다.
   He and she left here at an _____ of five years.

8. 내 리포트를 끝내려면 최소 3주가 필요하다.
   I will need a _____ of three weeks to finish my report.

연습문제 3 영영풀이에 맞는 단어를 써 보세요.

1. _____ : a speech given by a religious leader

2. _____ : the place where someone is going or something is being sent

3. _____ : a doctor who performs surgery

4. _____ : someone who leaves their country to live in another

5. _____ : the least amount of something

6. _____ : one of the best works of art, music, literature, etc

7. _____ : the most important part of something

8. _____ : a time period between events

단어공부 6일째

89	**physician** [fizíʃən]	n. 의사; 내과 의사		
90	**district** [dístrikt]	n. 구역, 지역		
91	**faculty** [fǽkəlti]	n. 능력(= ability), 재능		
92	**intellect** [íntəlèkt]	n. 지성 ▶ intellectual : a. 지성의 n. 지식인		
93	**luxury** [lʌ́gʒəri] [lʌ́kʃ-]	n. 사치; 사치품 ▶ luxurious : a. 사치스러운		
94	**virtue** [vɜ́ːrtʃuː]	n. ❶ 미덕 ❷ 장점(= advantage)		
95	**vice** [vais]	n. ❶ 악덕 ❷ 결점(= fault) ▶ vicious : a. 악의 있는		
96	**grief** [griːf]	n. 비탄 ▶ grieve : v. 몹시 슬퍼하다		

연습문제 1 | 영어는 우리말로, 우리말은 영어로 써 보세요.

1. intellect _____
2. vice _____
3. district _____
4. grief _____
5. luxury _____
6. physician _____
7. virtue _____
8. faculty _____

1. 내과 의사 _____
2. 미덕; 장점 _____
3. 능력; 재능 _____
4. 악덕; 결점 _____
5. 지성 _____
6. 비탄 _____
7. 구역, 지역 _____
8. 사치; 사치품 _____

연습문제 2 | 문장에 알맞는 단어를 써 보세요.

1. 그 화학교수는 대단한 지성을 지닌 과학자이다.
   That chemistry professor is a scientist of great _____.

2. 기쁨과 슬픔이 내 가슴속에서 엇갈렸다.
   Joy and _____ alternated in my breast.

3. 이 지역은 대부분 주택가이다.
   This _____ is mainly residential.

4. 도박과 약물남용은 악덕이다.
   Gambling and drug abuse are _____.

5. 고급 음식점에서 식사한다는 것은 우리 가족에겐 사치였다.
   Eating dinner at the fancy restaurant was a _____ for our family.

6. (내과)의사는 약물로 치료하는 의사이다.
   A _____ is a doctor who treats people with medicine.

7. 정직은 미덕이다.
   Honesty is a _____.

8. 그는 친구를 사귀는 데 뛰어난 재능이 있다.
   He has a great _____ for making friends.

연습문제 3 | 영영풀이에 맞는 단어를 써 보세요.

1. _____ : sin or crime, including illegal drugs and prostitution

2. _____ : ability to do something well

3. _____ : a doctor; a person licensed to practice medicine

4. _____ : great comfort at great expense

5. _____ : great sadness, sorrow, anguish

6. _____ : moral goodness, such as honesty or clean living

7. _____ : the ability to think logically and remember knowledge

8. _____ : an area of special character

단어공부 7 일째

따라하기 단어를 세 번씩 따라 써보세요.

97	**process** [práses]	n. ❶ 과정 ❷ 공정 v. 처리하다; 가공하다	
98	**method** [méθəd]	n. 방법, 방식	
99	**meadow** [médou]	n. 초원, 목초지 (= pasture)	
100	**crime** [kraim]	n. (법률상의)죄, 범죄	▶ criminal : a. 범죄의, 형사상의
101	**sin** [sin]	n. (종교·도덕상의)죄악	
102	**threat** [θret]	n. 위협 (= menace)	▶ threaten : v. 위협하다
103	**extent** [ikstént]	n. 범위, 정도 (= degree)	
104	**sewage** [súːidʒ]	n. (하수의)오물, 오수	

연습문제 1 영어는 우리말로, 우리말은 영어로 써 보세요.

1. crime _____
2. process _____
3. threat _____
4. meadow _____
5. extent _____
6. sin _____
7. sewage _____
8. method _____

1. 방법, 방식 _____
2. (하수의)오물 _____
3. 범죄, 죄 _____
4. 과정; 공정 _____
5. 위협 _____
6. 범위, 정도 _____
7. 초원, 목초지 _____
8. (도덕상의)죄악 _____

연습문제 2 문장에 알맞는 단어를 써 보세요.

1. 모든 종교에서 탐욕은 죄악이다.
   In all religions, greed is a _____.

2. 초원에서 소들이 풀을 뜯고 있다.
   There are cattle grazing in the _____.

3. 나는 그의 폭넓은 지식에 감명을 받았다.
   I was impressed by the _____ of his knowledge.

4. 질병으로 인해 그는 성장 과정이 지체되었었다.
   His illness had delayed the _____ of his growth.

5. 경찰은 범죄와 싸운다.
   The police fight _____.

6. 제대로 처리하면 오수는 비료로 이용될 수 있다.
   If properly treated, _____ can be used as fertilizer.

7. 그는 일을 자기 방식대로 한다.
   He has his own _____ of doing his work.

8. 네가 위협해도 그가 가는 것을 막지 못할 것이다.
   Your _____ will not stop him from going.

연습문제 3 영영풀이에 맞는 단어를 써 보세요.

1. _____ : the way something is done

2. _____ : an act that violates a law

3. _____ : an amount, degree

4. _____ : a pasture, land with grass and few trees

5. _____ : a warning of harm; a danger

6. _____ : dirty water from homes and factories

7. _____ : an act against religious beliefs

8. _____ : a series of changes that happen naturally

단어공부 7 일째

따라하기 단어를 세 번씩 따라 써보세요.

105 **mass** [mæs]	n. ❶ 덩어리 ❷ 무리, 집단 ▶ the masses : n. 대중
106 **shame** [ʃeim]	n. ❶ 부끄럼, 창피 ❷ 치욕, 수치 ▶ shameful : a. 부끄러운, 창피스러운
107 **cliff** [klif]	n. 벼랑, 절벽
108 **peninsula** [pənínsjulə]	n. 반도
109 **specimen** [spésəmən]	n. 견본(= sample), 표본
110 **victim** [víktim]	n. 희생자
111 **medium** [mí:diəm]	n. 매체, 전달수단 a. 중간의
112 **basis** [béisis]	n. 기초, 근거

연습문제 1 영어는 우리말로, 우리말은 영어로 써 보세요.

1. cliff _____
2. victim _____
3. basis _____
4. mass _____
5. medium _____
6. specimen _____
7. shame _____
8. peninsula _____

1. 부끄럼 _____
2. 매체 _____
3. 벼랑, 절벽 _____
4. 견본 _____
5. 기초, 근거 _____
6. 반도 _____
7. 희생자 _____
8. 덩어리; 무리 _____

연습문제 2 　문장에 알맞는 단어를 써 보세요.

1. 암의 희생자들이 증가하고 있다.
   _____ of cancer are increasing.

2. 눈덩어리가 입구를 막았다.
   A _____ of snow blocked the entrance.

3. 한국은 반도이다.
   Korea is a _____ .

4. 그의 이론들은 사실에 기초해 있지 않다.
   His theories have no _____ in reality.

5. 그는 부정행위를 한 데 대해 부끄러워했다.
   He felt _____ for having cheated.

6. 그 의사는 내 혈액을 견본으로 채취했다.
   The doctor took a _____ of my blood.

7. TV는 좋은 광고 매체이다.
   TV is a good advertising _____ .

8. 그는 벼랑에서 떨어져 심하게 다쳤다.
   He was badly injured in a fall from a _____ .

연습문제 3 　영영풀이에 맞는 단어를 써 보세요.

1. _____ : high, steep faces of rock or earth

2. _____ : the bottom or base of anything; foundation

3. _____ : fluid or tissue from the body, taken for medical testing

4. _____ : a piece of land that sticks out into a body of water

5. _____ : a means by which something is expressed or communicated

6. _____ : an amount of matter having no special form

7. _____ : someone or something that is injured, killed or tricked

8. _____ : the feeling a person gets when he knows he has done wrong

단어공부 8일째

113 **dialect** [dáiəlèkt]	n. 방언, 사투리		
114 **merit** [mérit]	n. 장점 (= worth)		
115 **defect** [difékt] [dí-]	n. 결함, 결점 (= fault)		
116 **risk** [risk]	n. 위험 v. 위험을 무릅쓰다, 모험하다 ▶ risky : a. 위험한		
117 **mercy** [mə́ːrsi]	n. 자비, 동정 ▶ merciful : a. 자비로운		
118 **fatigue** [fətíːg]	n. 피로, 피곤		
119 **affection** [əfékʃən]	n. 애정		
120 **theme** [θiːm]	n. 주제, 논제 (= subject)		

연습문제 1 | 영어는 우리말로, 우리말은 영어로 써 보세요.

1. mercy _____
2. merit _____
3. affection _____
4. risk _____
5. fatigue _____
6. theme _____
7. dialect _____
8. defect _____

1. 피로, 피곤 _____
2. 결함 _____
3. 방언, 사투리 _____
4. 주제, 논제 _____
5. 위험 _____
6. 애정 _____
7. 장점 _____
8. 자비; 동정 _____

연습문제 2 문장에 알맞는 단어를 써 보세요.

1. 그가 쓴 시의 큰 주제는 사랑이다.
   Love is a major _____ of his poetry.

2. 톰의 계획에는 장점이 많다.
   Tom's plan has a good deal of _____.

3. 10시간을 주행했기 때문에 그 운전자는 피로에 시달리고 있었다.
   After ten hours on the road, the driver was suffering from _____.

4. 그 기계는 결함이 있어 반송되었다.
   The machine was returned because of a _____.

5. 그 시는 남부지방의 방언으로 쓰여 있다.
   The poem is written in southern _____.

6. 그녀는 그 아이에 대해 깊은 애정을 느꼈다.
   She felt deep _____ for the child.

7. 스카이다이빙에는 큰 위험이 따른다.
   There is great _____ in skydiving.

8. 그 죄수는 자비를 간청했다.
   The prisoner begged for _____.

연습문제 3 영영풀이에 맞는 단어를 써 보세요.

1. _____ : the topic or subject of a speech, essay, etc.

2. _____ : an imperfection

3. _____ : kindness or forgiveness given to an enemy or offender

4. _____ : a regional variety of language

5. _____ : who has done something wrong

6. _____ : high quality, excellence

7. _____ : the chance of loss, damage or injury

8. _____ : a feeling close to love, warmth for someone

단어공부 8일째

121	**witness** [wítnis]	n. ❶ 목격자 ❷ 증인 v. 목격하다		
122	**corpse** [kɔːrps]	n. (사람의) 시체		
123	**scenery** [síːnəri]	n. 풍경, 경관 (= landscape)		
124	**pollution** [pəlúːʃən]	n. 오염 ▶ pollute : v. 오염시키다		
125	**auditorium** [ɔ̀ːdətɔ́ːriəm]	n. 강당		
126	**dormitory** [dɔ́ːrmətɔ̀ːri]	n. 기숙사		
127	**orchard** [ɔ́ːrtʃərd]	n. 과수원		
128	**moisture** [mɔ́istʃər]	n. 습기, 수분 ▶ moist : a. 축축한, 습한		

연습문제 1 | 영어는 우리말로, 우리말은 영어로 써 보세요.

1. auditorium _____
2. witness _____
3. pollution _____
4. moisture _____
5. dormitory _____
6. corpse _____
7. scenery _____
8. orchard _____

1. 기숙사 _____
2. (사람의) 시체 _____
3. 과수원 _____
4. 풍경, 경관 _____
5. 강당 _____
6. 습기, 수분 _____
7. 목격자 _____
8. 오염 _____

연습문제 2　문장에 알맞는 단어를 써 보세요.

1. 너는 곧 기숙사 생활에 익숙해질 것이다.
   You will soon get used to _____ life.

2. 그의 남동생이 그의 시체를 알아보았다.
   His younger brother identified his _____.

3. 그녀는 천에서 습기를 모두 짜냈다.
   She squeezed all the _____ out of the cloth.

4. 호수의 오염으로 물고기가 모두 죽었다.
   _____ in the lake killed all the fish.

5. 그녀가 그 교통사고의 목격자였다.
   She was a _____ to the traffic accident.

6. 졸업식은 강당에서 열릴 것이다.
   The graduation ceremony will be held in the _____.

7. 이 사과들은 여기서 멀지 않은 과수원에서 온 것이다.
   These apples come from an _____ not far from here.

8. 가을에 그 산의 풍경은 매우 아름답다.
   In autumn the mountain _____ is very beautiful.

연습문제 3　영영풀이에 맞는 단어를 써 보세요.

1. _____ : nature, such as trees, mountains, sky, etc., seen by someone

2. _____ : a large room with seats and often a stage for delivering lectures and usu. entertainment

3. _____ : a piece of land on which fruit trees grow

4. _____ : a lifeless human body (as opposed to a carcass of an animal)

5. _____ : a college or university building where students live

6. _____ : the process of making air, water, soil etc. dangerously dirty

7. _____ : someone who sees something happen

8. _____ : dampness, small amount of liquid on something

단어공부 9일째

따라하기 | 단어를 세 번씩 따라 써보세요.

129	**impact** [ímpækt]	n. ❶ 충격 ❷ 영향
130	**inhabitant** [inhǽbətənt]	n. 거주자, 주민 ▶ inhabit : v. 거주하다
131	**reception** [risépʃən]	n. ❶ 환영 ❷ 환영회, 피로연
132	**receipt** [risíːt]	n. 수령; 영수증 ▶ receive : v. 받다
133	**exceed** [iksíːd]	v. 초과하다, 넘다 (= go beyond)
134	**vary** [vɛ́əri]	v. ❶ 다르다 ❷ 변하다
135	**detect** [ditékt]	v. 발견하다, 탐지하다 ▶ detection : n. 발견, 탐지
136	**wither** [wíðər]	v. ❶ 시들다 ❷ 시들게 하다

연습문제 1 | 영어는 우리말로, 우리말은 영어로 써 보세요.

1. vary _____
2. impact _____
3. detect _____
4. wither _____
5. exceed _____
6. reception _____
7. inhabitant _____
8. receipt _____

1. 발견하다 _____
2. 거주자 _____
3. 다르다; 변하다 _____
4. 충격; 영향 _____
5. 수령; 영수증 _____
6. 시들다 _____
7. 초과하다 _____
8. 환영; 환영회 _____

연습문제 2 | 문장에 알맞는 단어를 써 보세요.

1. 주민의 다수는 농업에 종사하고 있다.
   Most of the _____ are occupied with agriculture.

2. 제한 속도를 넘지 않도록 주의하세요.
   Be careful not to _____ the speed limit.

3. 꽃들은 베어진 후 곧 시들었다.
   The flowers _____ soon after they were cut.

4. 그 책은 독자들의 정서에 영향을 미친다.
   That book has an emotional _____ on its readers.

5. 결혼관습은 나라마다 다르다.
   Marriage customs _____ from country to country.

6. 결혼식 후에 피로연이 정원에서 열렸다.
   After the wedding ceremony, a _____ was held in the garden.

7. 그는 현금 영수증에 서명했다.
   He signed a _____ for the money.

8. 그 남자의 시신에서 약간의 독극물이 발견되었다.
   Some poison was _____ in the dead man's body.

연습문제 3 | 영영풀이에 맞는 단어를 써 보세요.

1. _____ : show diversity or be different

2. _____ : a party where people are formally received

3. _____ : to uncover, find

4. _____ : someone who lives in a particular place for any length of time

5. _____ : a piece of paper showing that something has been received

6. _____ : effect; impression

7. _____ : to dry up and die

8. _____ : to be more than (what is expected)

단어공부 9일째

137	**nourish** [nʌ́riʃ]	v. 기르다, 자양분을 주다 ▶ nourishment : n. 자양분; 양육
138	**disappoint** [dìsəpɔ́int]	v. 실망시키다 ▶ disappointing : a. 실망시키는
139	**decay** [dikéi]	v. ❶ 썩다 ❷ 쇠퇴하다 n. 쇠퇴, 쇠잔
140	**devour** [diváuər]	v. 게걸스레 먹다
141	**restore** [ristɔ́:r]	v. ❶ 회복하다 ❷ 복원[복구]하다 ▶ restoration : n. 회복; 복원[복구]
142	**surpass** [sərpǽs] [sərpǽs]	v. 능가하다, 뛰어나다 (= excel)
143	**interfere** [ìntərfíər]	v. ❶ 방해하다 ❷ 간섭하다 (= meddle)
144	**resume** [rizú:m]	v. 다시 시작하다, 재개하다 ▶ resumption : n. 재개

연습문제 1 영어는 우리말로, 우리말은 영어로 써 보세요.

1. disappoint _____
2. resume _____
3. devour _____
4. interfere _____
5. restore _____
6. nourish _____
7. surpass _____
8. decay _____

1. 게걸스레 먹다 _____
2. 기르다 _____
3. 능가하다 _____
4. 썩다 _____
5. 다시 시작하다 _____
6. 실망시키다 _____
7. 회복하다 _____
8. 방해하다 _____

연습문제 2 문장에 알맞는 단어를 써 보세요.

1. 그녀는 단것을 너무 먹어 이가 썩었다.
   Her teeth _____ because she ate too many sweets.

2. 저 시끄러운 음악소리 때문에 내 공부가 방해가 돼.
   That loud music _____ with my studying.

3. 물과 햇빛으로 식물은 자란다.
   Water and sunlight _____ plants.

4. 그 굶주린 남자는 음식을 게걸스레 먹었다.
   The starving man _____ the food.

5. 이 차의 성능은 다른 모든 차들의 성능을 능가한다.
   The performance of this car _____ the performance of all the others.

6. 그녀는 불합격 소식을 알고 실망했다.
   She was _____ to learn that she had failed the test.

7. 나는 휴식을 취한 후 공부를 다시 시작했다.
   I _____ studying after taking a rest.

8. 휴식과 질좋은 치료로 그의 건강이 회복되었다.
   Rest and good medical care _____ his health.

연습문제 3 영영풀이에 맞는 단어를 써 보세요.

1. _____ : to renew, refresh

2. _____ : to prevent or slow down the progress that someone makes

3. _____ : to feed, esp. with healthful food

4. _____ : to fall into ruin or poor condition

5. _____ : to begin again, restart

6. _____ : to exceed or go beyond

7. _____ : to eat quickly and completely

8. _____ : sad because something is not as good or as nice as you had hoped

단어공부 10일째

145	**accumulate** [əkjúːmjulèit]	v. 축적하다 ▶ accumulation : n. 축적
146	**wrinkle** [riŋkl]	v. 주름지다, 구겨지다 n. 주름, 구김살
147	**anticipate** [æntísəpèit]	v. 예상[예견] 하다(= foresee) ▶ anticipation : n. 예상, 예견
148	**invest** [invést]	v. ❶ 투자하다 ❷ 바치다 ▶ investment : n. 투자
149	**refine** [rifáin]	v. ❶ 정제하다 ❷ 세련하다 ▶ refinement : n. 정제; 세련
150	**limit** [límit]	v. 제한하다, 한정하다(= restrict) n. 한계
151	**heal** [hiːl]	v. ❶ (병·상처를)고치다, 치유하다 ❷ 낫다, 치유되다
152	**revenge** [rivéndʒ]	v. 복수하다 n. 복수, 보복 ▶ revengeful : a. 복수심에 불타는

연습문제 1 영어는 우리말로, 우리말은 영어로 써 보세요.

1. accumulate	_____	1. 복수하다	_____
2. limit	_____	2. 주름지다	_____
3. anticipate	_____	3. 치유하다	_____
4. refine	_____	4. 축적하다	_____
5. revenge	_____	5. 투자하다	_____
6. wrinkle	_____	6. 제한하다	_____
7. heal	_____	7. 예상 하다	_____
8. invest	_____	8. 정제하다	_____

연습문제 2 문장에 알맞은 단어를 써 보세요.

1. 의사는 휴식을 취하면 내 다리의 상처가 낫는 데 도움이 될 거라고 말했다.
   The doctor said rest would help _____ my leg wound.

2. 의사들은 치료법을 찾는 데 오랜 세월을 투자했다.
   The doctors _____ years in their search for a cure.

3. 실크 옷은 쉽게 주름이 진다.
   Silk clothing _____ easily.

4. 전화는 5분으로 제한하세요.
   Please _____ your phone call to five minutes.

5. 종종 모욕에 복수하려 하지 않는 것이 현명하다.
   It is often wise not to try to _____ an insult.

6. 그는 열심히 일해서 재산을 축적했다.
   He _____ his fortune by hard work.

7. 설탕, 원유, 금속 등은 사용 전에 정제된다.
   Sugar, oil, and metals are _____ before being used.

8. 그들은 에이즈 사망자 수가 2000년도에 배로 늘 것으로 예상한다.
   They _____ that deaths from AIDS will have doubled by year 2,000.

연습문제 3 영영풀이에 맞는 단어를 써 보세요.

1. _____ : to put lines or folds in something

2. _____ : to process something into a purer form for use

3. _____ : to add up, increase

4. _____ : to harm someone in return for something bad

5. _____ : to return to good health, to cure

6. _____ : to expect that something will happen

7. _____ : to restrict to a number or amount

8. _____ : to put money or time into something

단어공부 10일째

153 **stammer** [stǽmər]	v. 말을 더듬다 n. 말더듬		
154 **misuse** [misjúːz]	v. 오용하다, 악용하다 n. 오용, 악용		
155 **resolve** [rizάlv]	v. 결심하다, 결의하다	▶ resolution : n. 결심; 결의(문)	
156 **beckon** [békən]	v. 신호하다 n. (손짓, 고갯짓으로 하는)신호		
157 **confess** [kənfés]	v. 고백[자백]하다		
158 **mimic** [mímik]	v. 흉내내다 n. 모조품(= imitation)		
159 **enroll** [inróul]	v. 등록하다	▶ enrollment : 등록; 등록생수	
160 **thaw** [θɔː]	v. 녹이다; 녹다 n. 해빙		

연습문제 1 | 영어는 우리말로, 우리말은 영어로 써 보세요.

1. resolve _____
2. mimic _____
3. stammer _____
4. enroll _____
5. misuse _____
6. confess _____
7. thaw _____
8. beckon _____

1. 신호하다 _____
2. 등록하다 _____
3. 고백하다 _____
4. 결심하다 _____
5. 말을 더듬다 _____
6. 녹이다 _____
7. 오용하다 _____
8. 흉내내다 _____

연습문제 2 | 문장에 알맞는 단어를 써 보세요.

1. 솔직히 고백해서 나는 그 새 TV 프로가 재미없어.
   I _____ that I don't enjoy that new TV program.

2. 나는 그녀가 시간을 그렇게 오용하는 꼴을 보기 싫다.
   I hate to see her _____ her time like that.

3. 앵무새는 사람 목소리를 흉내낼 수 있다.
   A parrot can _____ a person's voice.

4. 나의 친구들은 대학에 진학하기로 결심했다.
   My friends have _____ to go to college.

5. 날씨가 이렇게 따뜻해서 길의 얼음이 아주 빨리 녹을 것이다.
   This warm weather should _____ the ice on the roads very quickly.

6. 사람들은 흥분하거나 당황할 때 말을 더듬는다.
   People _____ when they are excited or embarrassed.

7. 나는 여름캠프에 등록하려고 한다.
   I am going to _____ in the summer camp.

8. 나는 친구들에게 내 말을 들을 수 있게 더 가까이 오라고 신호했다.
   I _____ to my friends to come closer so they could hear me.

연습문제 3 | 영영풀이에 맞는 단어를 써 보세요.

1. _____ : to speak with many pauses and repeated words or syllables

2. _____ : to motion or call someone to come to you

3. _____ : to copy or imitate

4. _____ : to join officially

5. _____ : to use something for the wrong purpose

6. _____ : cause (the ice) to melt

7. _____ : to admit something, esp. guilt, for something bad

8. _____ : to decide to do something

단어 test 6~10일

A   알맞은 단어를 골라서 쓰시오.

| faculty   peninsula   virtue   fatigue   crime |

1. Honesty is a _____.

2. He has a great _____ for making friends.

3. The police fight _____.

4. Korea is a _____.

5. After ten hours on the road, the driver was suffering from _____.

B   빈칸에 들어갈 알맞은 단어를 고르시오.

1. The machine was returned because of a _____.
   a. defect   b. merit   c. grace   d. strength

2. _____ in the lake killed all the fish.
   a. Environment   b. Pollution   c. Surroundings   d. Background

3. That loud music _____ with my studying.
   a. helps   b. interferes   c. supports   d. improves

4. Water and sunlight _____ plants.
   a. supply   b. nourish   c. encourage   d. promote

5. He _____ his fortune by hard work.
   a. wasted   b. misused   c. dispersed   d. accumulated

C 빈칸에 들어갈 단어의 알맞은 형태를 고르시오.

1. The _____ scattered to many countries.

   a. emigrate   b. emigratory   c. emigrants

2. Eating dinner at the fancy restaurant was a _____ for our family.

   a. luxury   b. luxurious   c. luxuriant

3. Your _____ will not stop him from going.

   a. threat   b. threaten   c. threatened

4. The prisoner begged for _____ .

   a. mercy   b. merciful   c. merchadise

5. After the wedding ceremony, a _____ was held in the garden.

   a. receipt   b. receive   c. reception

D 다음 주어진 동사를 문맥에 맞게 고치시오.

1. Some poison was (detect)_____ in the dead man's body.

2. Be careful not to (exceed)_____ the speed limit.

3. The flowers (wither)_____ soon after they were cut.

4. Her teeth (decay)_____ because she ate too many sweets.

5. She was (disappoint)_____ to learn that she had failed the test.

단어공부 11일째

161	**overhear** [òuvərhíər]	v. 우연히 듣다
162	**release** [rilíːs]	v. ❶ 풀어주다 (= set free) ❷ 공개하다 (= make public)
163	**criticize** [krítəsàiz]	v. ❶ 비판[비평]하다 ❷ 흠을 잡다 ▶ criticism : n. 비판[비평]; 비난
164	**endanger** [indéindʒər]	v. 위태롭게 하다
165	**prolong** [prɔlɔ́ːŋ]	v. 연장하다 ▶ prolongation : n. 연장
166	**sustain** [səstéin]	v. ❶ 지탱하다, 견디다 ❷ (손해·부상을) 입다
167	**paralyze** [pǽrəlàiz]	v. 마비시키다 ▶ paralysis : n. 마비
168	**exclaim** [ikskléim]	v. 소리치다

1. prolong		1. 풀어주다	
2. criticize		2. 지탱하다	
3. sustain		3. 우연히 듣다	
4. exclaim		4. 위태롭게 하다	
5. overhear		5. 소리치다	
6. paralyze		6. 비판[비평]하다	
7. endanger		7. 마비시키다	
8. release		8. 연장하다	

연습문제 2 문장에 알맞는 단어를 써 보세요.

1. 인질은 한 달 억류된 끝에 풀려났다.
   The hostage was _____ after being held prisoner for one month.

2. "내 자전거가 없어졌어요!" 라고 그는 소리쳤다.
   "My bicycle's missing!" he _____.

3. 새로운 의료 기술로 인간의 생명은 연장될 수 있다.
   New medical technologies can _____ people's lives.

4. 나는 열차에서 우리 뒤에 앉은 사람들의 대화를 우연히 들었다.
   I _____ the conversation of the people sitting behind us on the train.

5. 폭설로 교통이 마비되었다.
   Heavy snows _____ traffic.

6. 그는 늘 내가 일하는 방식을 흠잡는다.
   He always _____ the way I work.

7. 오염으로 각종 동물들이 위태로워지고 있다.
   Pollution is _____ many different species of animals.

8. 구조될 수 있다는 희망이 갇힌 광부들을 지탱해주었다.
   Hope of rescue _____ the trapped miners.

연습문제 3 영영풀이에 맞는 단어를 써 보세요.

1. _____ : to keep in existence by providing support

2. _____ : to free; to permit to go

3. _____ : to make someone or something unable to work in a normal way

4. _____ : to place in danger; to cause to become few

5. _____ : to cry out, shout

6. _____ : to say what is wrong with something or someone; to condemn

7. _____ : to hear something by accident

8. _____ : to make something take longer, delay

단어공부 11일째

따라하기 단어를 세 번씩 따라 써보세요.

169 **substitute** [sʌ́bstətjùːt]	v. 대신하다, 대용하다	n. 대용품, 대리인	
170 **meditate** [médətèit]	v. 묵상하다, 명상하다	▶ meditation : n. 묵상, 명상	
171 **summon** [sʌ́mən]	v. 호출하다, 부르다		
172 **linger** [líŋɡər]	v. 서성이다		
173 **transplant** [trǽnsplænt] [-plǽ-]	v. 이식하다　n. 이식		
174 **console** [kənsóul]	v. 위로하다 (= comfort)	▶ consolation : n. 위로	
175 **torment** [tɔ́ːrment] [-mént]	v. (정신적·육체적으로) 괴롭히다　n. 고통, 고뇌		
176 **dispose** [dispóuz]	v. ❶ 없애다 (= get rid of)　❷ 처리하다 (= settle)	▶ disposal : n. 처리, 처분	

연습문제 1 영어는 우리말로, 우리말은 영어로 써 보세요.

1. summon _____
2. linger _____
3. torment _____
4. substitute _____
5. dispose _____
6. transplant _____
7. meditate _____
8. console _____

1. 서성이다 _____
2. 없애다 _____
3. 호출하다 _____
4. 괴롭히다 _____
5. 명상하다 _____
6. 위로하다 _____
7. 대신하다 _____
8. 이식하다 _____

연습문제 2 문장에 알맞는 단어를 써 보세요.

1. 그 가수를 만나길 바라며 일단의 팬들이 밖에서 서성였다.
   The crowd of fans _____ outside hoping to meet the singer.

2. 자기 아들의 죽음에 대해서 그를 위로할 수 있는 것은 아무것도 없다.
   Nothing can _____ him for the loss of his son.

3. 현대인들은 명상 시간을 충분히 할애하지 않는다.
   Modern men don't set aside enough time to _____.

4. 그들은 종이를 태워없앴다.
   They _____ of the paper by burning it.

5. 임종을 맞은 아버지의 침대 곁으로 그들을 불렀다.
   They were _____ to the bedside of their dying father.

6. 그는 아직도 악몽에 시달린다.
   He is still _____ by nightmares.

7. 의사들은 그 노인이 좀더 오래 살 수 있게 새 심장을 그에게 이식했다.
   The doctors _____ a new heart into the old man so that he could live longer.

8. 우리는 크림 대신에 우유를 썼다.
   We _____ milk for cream.

연습문제 3 영영풀이에 맞는 단어를 써 보세요.

1. _____ : to remain, as if not wanting to go

2. _____ : to cause someone great pain

3. _____ : to put or use in place of another

4. _____ : to comfort someone in grief or disappointment

5. _____ : to think deeply, esp. in order to relax

6. _____ : to get rid of

7. _____ : to call or send for

8. _____ : to move an organ from one person to another

단어공부 12일째

따라하기　단어를 세 번씩 따라 써보세요.

177	**enhance** [inhǽns]	v. (질·가치 등을)**높이다**(= add to)
178	**overthrow** [òuvərθróu]	v. **전복하다, 뒤엎다**(= bring down)　n. 전복
179	**soothe** [súːð]	v. ❶ **달래다**　❷ (고통 등을)**덜어주다**
180	**rage** [reidʒ]	v. ❶ **격노하다**　❷ **광란하다**　n. 광란
181	**dissolve** [dizálv]	v. **녹이다**[녹다](= melt)　▶ dissolution : n. 용해
182	**distress** [distrés]	v. **괴롭히다**　n. 고통, 고뇌
183	**supplement** [sʌ́pləmènt]	v. **보완**[보충]**하다**　n. 보충, 부록
184	**retain** [ritéin]	v. **계속 지니다**(= keep)　▶ retention : n. 보유

연습문제 1　영어는 우리말로, 우리말은 영어로 써 보세요.

1. soothe _____
2. distress _____
3. overthrow _____
4. retain _____
5. enhance _____
6. supplement _____
7. rage _____
8. dissolve _____

1. (질·가치 등을)높이다 _____
2. 계속 지니다 _____
3. 녹이다 _____
4. 보완하다 _____
5. 격노하다 _____
6. 전복하다 _____
7. 괴롭히다 _____
8. 달래다 _____

연습문제 2 문장에 알맞는 단어를 써 보세요.

1. 그는 홍차에 약간의 설탕을 녹였다.
   He _____ some sugar in his tea.

2. 정원 때문에 집이 더 아름다워졌다.
   The gardens _____ the beauty of the house.

3. 그는 또다른 일을 해서 수입을 보충한다.
   He _____ his income by working at another job.

4. 그들은 정부를 전복하려 했지만 실패했다.
   They tried to _____ the government but failed.

5. 경쟁자의 성공 소식을 듣자 그녀는 격노했다.
   She _____ when she heard the news of her rival's success.

6. 그녀는 얼마나 오래 자기 일자리를 유지할지 몰랐다.
   She was not sure how long she would _____ her job.

7. 아버지는 우는 아기를 흔들어 달랬다.
   The father _____ the crying baby by rocking him.

8. 그 흉보에 우리는 괴로웠다.
   The bad news _____ us.

연습문제 3 영영풀이에 맞는 단어를 써 보세요.

1. _____ : to feel or express violent anger

2. _____ : to make an addition or additions to

3. _____ : to remove from power; to defeat or end by force

4. _____ : to keep something, maintain possession of something

5. _____ : to cause emotional pain

6. _____ : to comefort someone

7. _____ : to make something solid become part of a liquid

8. _____ : to improve; to add to

단어공부 12일째

따라하기 | 단어를 세 번씩 따라 써보세요.

185 **convey** [kənvéi]	v. 전달하다 (= make known)	
186 **devote** [divóut]	v. ~을 바치다, 전념하다	▶ devoted : a. 헌신적인
187 **indicate** [índikèit]	v. 나타내다, 가리키다	▶ indication : n. 표시; 징후
188 **arouse** [əráuz]	v. 불러일으키다	▶ arousal : n. 각성, 환기
189 **startle** [stáːrtl]	v. 깜짝 놀라게 하다, 깜짝 놀라다	▶ startling : a. 깜짝 놀랄 만한
190 **hinder** [híndər]	v. 방해하다 (= hold back)	▶ hindrance : n. 방해, 장애
191 **invade** [invéid]	v. 침략[침입]하다	▶ invasion : n. 침략, 침입
192 **violate** [váiəlèit]	v. 위반하다	▶ violation : n. 위반

연습문제 1 | 영어는 우리말로, 우리말은 영어로 써 보세요.

1. hinder	1. 불러일으키다	
2. devote	2. 침략하다	
3. startle	3. 전달하다	
4. invade	4. 위반하다	
5. convey	5. 전념하다	
6. arouse	6. 방해하다	
7. violate	7. 나타내다	
8. indicate	8. 깜짝 놀라게 하다	

연습문제 2 문장에 알맞는 단어를 써 보세요.

1. 그녀의 슬픈 이야기는 우리의 동정을 불러일으켰다.
   Her sad story _____ our pity.

2. 폭설이 내려 우리의 여행에 장애가 되었다.
   Heavy snows _____ us on our trip.

3. 부인은 병든 남편을 간호하는 데 전념했다.
   The wife _____ herself to caring for her sick husband.

4. 독일은 제2차 세계대전중에 소련을 침략했다.
   Germany _____ the Soviet Union during World War II.

5. 내가 얼마나 충격을 받았는지 말로는 전달할 수 없다.
   No words can _____ how shocked I felt.

6. 그는 제한 속도를 위반해서 교통 위반 딱지를 떼었다.
   He got a ticket because he _____ the speed limit.

7. 안내원은 우리들이 갈 수 있는 가장 좋은 길을 가리켰다.
   The guide _____ the best path for us to take.

8. 거미가 천정에서 떨어져 나는 깜짝 놀랐다.
   A spider dropped from the ceiling and _____ me.

연습문제 3 영영풀이에 맞는 단어를 써 보세요.

1. _____ : to slow the progress of something

2. _____ : to give time, work or love to something or someone

3. _____ : to enter an area or country by force with an army

4. _____ : to make ideas, feelings, etc. known to someone

5. _____ : to show or point to something

6. _____ : to cause to be surprised

7. _____ : to fail to obey or honor; to break (an agreement)

8. _____ : to excite, stimulate

57

단어공부 **13**일째

따라하기 | 단어를 세 번씩 따라 써보세요.

193 **forbid** [fərbíd]	v. 금지하다		
194 **refrain** [rifréin]	v. 삼가다		
195 **frustrate** [frʌ́streit]	v. 좌절시키다	▶ frustration : n. 좌절(감), 욕구불만	
196 **eliminate** [ilímənèit]	v. 제거하다 (= get rid of)	▶ elimination : n. 제거, 삭제	
197 **deceive** [disíːv]	v. 속이다, 기만하다	▶ deception : n. 기만	
198 **disguise** [disɡáiz]	v. 위장하다, 변장하다	a. 위장, 변장	
199 **compensate** [kámpənsèit]	v. ❶ 보상하다 ❷ 보충하다 (= make up for)		
200 **define** [difáin]	v. ❶ 정의하다 ❷ 명시하다	▶ definition : n. 정의; 명시	

연습문제 1 | 영어는 우리말로, 우리말은 영어로 써 보세요.

1. eliminate _____
2. refrain _____
3. define _____
4. deceive _____
5. frustrate _____
6. compensate _____
7. forbid _____
8. disguise _____

1. 위장하다 _____
2. 좌절시키다 _____
3. 금지하다 _____
4. 정의하다 _____
5. 제거하다 _____
6. 삼가다 _____
7. 보상하다 _____
8. 속이다 _____

연습문제 2 문장에 알맞는 단어를 써 보세요.

1. 그 도시는 오염을 제거하려고 힘쓰고 있다.
The city is trying to _____ pollution.

2. 사전은 단어를 정의한다.
Dictionaries _____ words.

3. 나는 네가 자정 이후 밖에 나가 있는 것을 금지한다.
I _____ you to stay out after midnight.

4. 그 스파이는 노인으로 변장했다.
The spy _____ himself as an old man.

5. 홀 내에서는 흡연을 삼가해 주십시오.
Kindly _____ from smoking in the hall.

6. 사랑하는 사람의 죽음을 보상할 수 있는 것은 아무것도 없다.
Nothing can _____ for the death of a loved one.

7. 일자리를 찾을 수 없는 불운 때문에 그는 좌절했다.
His bad luck in not being able to find a job _____ him.

8. 열심히 공부하지 않고는 시험에 합격할 수 없으니까 자신을 기만하지 말아라.
You can't pass the exam without studying hard, so don't _____ yourself.

연습문제 3 영영풀이에 맞는 단어를 써 보세요.

1. _____ : to remove or get rid of

2. _____ : to make up for something

3. _____ : to order that something must not be done

4. _____ : to give the meaning of; to explain

5. _____ : to change one's appearance to fool others

6. _____ : to not do something, to avoid doing something

7. _____ : to fool

8. _____ : to upset or discourage

단어공부 **13**일째

201	**estimate** [éstəmèit]	v. 어림잡다, 추산하다	▶ estimation : n. 어림, 추산
202	**deny** [dinái]	v. 부인[부정] 하다(↔admit)	▶ denial : n. 부인
203	**transmit** [trænsmit] [-mít]	v. 전송하다	▶ transmission : n. 전송
204	**interrupt** [ìntərʌ́pt]	v. 중단시키다, 방해하다	▶ interruption : n. 중단; 방해
205	**oppress** [əprés]	v. 압박하다	▶ oppression : n. 압박감, 우울
206	**compel** [kəmpél]	v. 강제로 시키다(= force)	▶ compulsory : a. 의무적인
207	**disgust** [disgʌ́st]	v. 메스껍게 하다; 혐오감을 주다	n. 메스꺼움; 혐오감
208	**restrict** [ristríkt]	v. 제한하다(= limit)	▶ restriction : n. 제한

연습문제 1 영어는 우리말로, 우리말은 영어로 써 보세요.

1. transmit _____
2. disgust _____
3. oppress _____
4. restrict _____
5. estimate _____
6. compel _____
7. deny _____
8. interrupt _____

1. 제한하다 _____
2. 어림잡다 _____
3. 중단시키다 _____
4. 강제로 시키다 _____
5. 부인하다 _____
6. 메스껍게 하다 _____
7. 전송하다 _____
8. 압박하다 _____

연습문제 2 문장에 알맞는 단어를 써 보세요.

1. 장기간의 가뭄이 농부들을 압박했다.
   The long drought _____ the farmers.

2. 전자우편이 메시지 전송에 가장 빠른 방법일 것이다.
   E-mail will be the quickest way to _____ the message.

3. 그의 식탁예절에 나는 늘 혐오감을 갖는다.
   His table manners always _____ me.

4. 경찰은 입주자들을 불타는 건물에서 강제로 떠나게 했다.
   The police _____ the tenants to leave the burning building.

5. 그들은 여행이 두 시간 걸릴 것으로 추산했다.
   They _____ that the trip would take two hours.

6. 술 판매는 20세 이상의 사람으로 제한된다.
   The sale of liquor is _____ to people twenty years old and over.

7. 그 죄수들은 자기들이 은행을 털었다는 것을 부인했다.
   The prisoners _____ that they had robbed the bank.

8. 전화가 와서 그들의 이야기가 중단되었다.
   Their conversation was _____ by a telephone call.

연습문제 3 영영풀이에 맞는 단어를 써 보세요.

1. _____ : to declare that something is not true; to refuse a request

2. _____ : to make others suffer; to control by the use of unjust power

3. _____ : to cause feelings of strong dislike

4. _____ : to make an approximate judgement or calculation

5. _____ : to limit; to prevent from increasing or becoming larger

6. _____ : to pass from one to another; to send

7. _____ : to force someone to do something

8. _____ : to stop something from continuing

단어공부 14일째

따라하기 **단어를 세 번씩 따라 써보세요.**

209 **deprive**
[dipráiv]

v. 빼앗다, 박탈하다 ▶ deprivation : n. 박탈; 손실
_____ _____ _____

210 **conform**
[kənfɔ́ːrm]

v. 따르다, 순응하다
_____ _____

211 **reform**
[ri:fɔ́ːrm]

v. 개혁하다 n. 개혁 ▶ reformation : n. 개혁
_____ _____

212 **explore**
[iksplɔ́ːr]

v. 탐험[탐사]하다 ▶ exploration : n. 탐험[탐사]
_____ _____

213 **demonstrate**
[démənstrèit]

v. ❶ 실증하다 ❷ (사용법을)설명하다
_____ _____

214 **abound**
[əbáund]

v. 많다, 풍부하다 ▶ abundant : a. 풍부한
_____ _____

215 **breed**
[bri:d]

v. ❶ 낳다, 야기하다 ❷ 양육하다 n. 종, 종류; 품종
_____ _____

216 **rear**
[riər]

v. 키우다, 기르다 (= bring up)
_____ _____

연습문제 1 **영어는 우리말로, 우리말은 영어로 써 보세요.**

1. explore _____
2. rear _____
3. conform _____
4. abound _____
5. breed _____
6. deprive _____
7. reform _____
8. demonstrate _____

1. 실증하다 _____
2. 낳다 _____
3. 빼앗다 _____
4. 개혁하다 _____
5. 키우다 _____
6. 따르다 _____
7. 많다 _____
8. 탐험하다 _____

연습문제 2 문장에 알맞는 단어를 써 보세요.

1. 그는 우주 탐사에 돈을 쓰는 것은 잘못이라고 생각한다.
   He thinks it's wrong to spend money on _____ space.

2. 나는 시골에서 태어나 자랐다.
   I was born and _____ in the country.

3. 교통법규를 따르지 않으면 다칠 수도 있다.
   If you don't _____ to the traffic laws, you might get hurt.

4. 토끼는 일반적으로 어렸을 때 새끼를 낳는다.
   Rabbits generally _____ at a young age.

5. 충분한 수면을 빼앗기면 아무도 제대로 기능할 수 없다.
   No one can function properly if they are _____ of adequate sleep.

6. 정글에는 곤충들이 많다.
   Insects _____ in the jungle.

7. 신임 대통령은 정부를 개혁하겠다고 약속했다.
   The new President promised to _____ the government.

8. 과학자들은 그의 이론의 정확성을 실증했다.
   The scientists _____ the correctness of his theory.

연습문제 3 영영풀이에 맞는 단어를 써 보세요.

1. _____ : to act according to the law, custom, etc.

2. _____ : to care for and educate a child until it is an adult

3. _____ : to take something away from

4. _____ : to show something clearly by giving proof

5. _____ : to make better by changing; to improve

6. _____ : to produce offspring

7. _____ : to travel in a place to learn more about it

8. _____ : to exist in great numbers

단어공부 14일째

217 **confuse** [kənfjúːz]	v. 혼란시키다[당황케 하다], 혼동하다	▶ confusion : n. 혼란; 혼동
218 **abuse** [əbjúːz]	v. ❶ 남용하다 ❷ 학대하다 n. 남용, 학대	
219 **swear** [swɛər]	v. 맹세하다, 선서하다	
220 **curse** [kəːrs]	v. 저주하다(↔bless), 욕하다 n. 저주	
221 **dedicate** [dédikèit]	v. (생애·시간을) 바치다(= devote)	▶ dedication : n. 헌납[헌신]; 개관(식)
222 **embrace** [imbréis]	v. 포옹하다(= hug) n. 포옹	
223 **participate** [pɑːrtísəpèit]	v. 참여[참가]하다(= take part)	▶ participation : n. 참가[참여]
224 **broadcast** [brɔ́ːdkæst]	v. 방송하다 n. 방송	

연습문제 1 | 영어는 우리말로, 우리말은 영어로 써 보세요.

1. dedicate		1. 저주하다	
2. abuse		2. 포옹하다	
3. broadcast		3. 방송하다	
4. confuse		4. 남용하다	
5. embrace		5. 참여하다	
6. curse		6. 혼란시키다	
7. swear		7. (생애) 바치다	
8. participate		8. 맹세하다	

특목고 · 내신 대비 어휘 정복 프로젝트!!

Top
Vocabulary

정답

단어공부 1일째   p.6

연습문제 1

1. 번영
2. 정신, 혼
3. 공상
4. 명성; 평판
5. 성질; 화
6. 신경; 용기
7. 신뢰; 신앙
8. 복지

1. welfare
2. prosperity
3. soul
4. fancy
5. faith
6. temper
7. reputation
8. nerve

연습문제 2

1. welfare
2. fancy
3. nerve
4. prosperity
5. soul
6. temper
7. faith
8. reputation

연습문제 3

1. welfare
2. soul
3. temper
4. reputation
5. faith
6. nerve
7. prosperity
8. fancy

단어공부 2일째   p.10

연습문제 1

1. 야망, 포부
2. 결점; 잘못
3. 장난
4. (집합적) 시
5. 기압계; 지표
6. (기계) 장치
7. 태도
8. 교외

1. device
2. ambition
3. barometer
4. suburb
5. mischief
6. poetry
7. fault
8. attitude

연습문제 2

1. device
2. attitude
3. barometer
4. suburbs
5. ambition
6. mischief
7. faults
8. poetry

연습문제 3

1. device
2. barometer
3. ambition
4. suburb
5. fault
6. poetry
7. attitude
8. mischief

단어공부 1일째   p.8

연습문제 1

1. 기원; 유래
2. 천문학
3. 진화
4. 일대기
5. 구, 구체
6. 풍경, 경치
7. 신화
8. 궤도

1. orbit
2. biography
3. landscape
4. myth
5. origin
6. astronomy
7. evolution
8. sphere

연습문제 2

1. orbit
2. origins
3. sphere
4. myths
5. evolution
6. landscape
7. biography
8. astronomy

연습문제 3

1. landscape
2. sphere
3. biography
4. origin
5. myth
6. evolution
7. astronomy
8. orbit

단어공부 2일째   p.12

연습문제 1

1. (과수의) 꽃
2. 곰팡이
3. 지렁이
4. 원숭이
5. 전진, 진보
6. 모피(제품)
7. 수확
8. 모기

1. fur
2. mosquito
3. harvest
4. mold
5. ape
6. blossom
7. progress
8. worm

연습문제 2

1. fur
2. ape
3. mosquito
4. harvest
5. progress
6. worms
7. blossom
8. Mold

연습문제 3

1. fur
2. worm
3. harvest
4. mosquito
5. mold
6. blossom
7. progress
8. ape

단어공부 3일째   p.14

연습문제 1

1. 유혹; 유혹물
2. 전문직; 직업
3. 기능
4. 환경
5. 증거
6. 장애물
7. 농업
8. 충돌, 대립

1. agriculture
2. temptation
3. conflict
4. obstacle
5. profession
6. function
7. environment
8. evidence

연습문제 2

1. environment
2. profession
3. agriculture
4. obstacle
5. evidence
6. function
7. Conflicts
8. temptation

연습문제 3

1. temptation
2. evidence
3. profession
4. environment
5. conflict
6. obstacle
7. agriculture
8. function

단어공부 4일째   p.18

연습문제 1

1. 경향, 추세
2. 토대; 창설
3. 유목민
4. 운석
5. 열정, 격정
6. 역경
7. 계약; 계약하다
8. 의식, 식

1. adversity
2. contract
3. ceremony
4. passion
5. trend
6. nomad
7. foundation
8. meteorite

연습문제 2

1. contract
2. nomad
3. passion
4. trend
5. ceremony
6. foundation
7. adversity
8. Meteorite

연습문제 3

1. trend
2. foundation
3. adversity
4. meteorite
5. nomad
6. passion
7. contract
8. ceremony

단어공부 3일째   p.16

연습문제 1

1. 속담, 격언
2. 비극
3. 결과
4. 친구, 동료
5. 희극
6. 운명, 숙명
7. 동기
8. 혼돈, 무질서

1. destiny
2. companion
3. comedy
4. motive
5. chaos
6. consequence
7. proverb
8. tragedy

연습문제 2

1. Destiny
2. comedy
3. chaos
4. motive
5. companion
6. tragedy
7. proverb
8. consequence

연습문제 3

1. destiny
2. tragedy
3. consequence
4. chaos
5. motive
6. proverb
7. companion
8. comedy

단어공부 4일째   p.20

연습문제 1

1. 통계(수치)
2. 장례식
3. 마찰
4. 생태계
5. 열심, 열의
6. 대도시
7. 긴장, 불안
8. 지위

1. status
2. metropolis
3. zeal
4. funeral
5. friction
6. statistics
7. ecology
8. tension

연습문제 2

1. Statistics
2. friction
3. metropolis
4. ecology
5. zeal
6. funeral
7. tension
8. status

연습문제 3

1. statistics
2. funeral
3. tension
4. zeal
5. ecology
6. friction
7. metropolis
8. status

단어공부 5일째 p.22

연습문제 1

1. 초상, 초상화
2. 기념일
3. 유행
4. 벌
5. 전문가
6. 전염병
7. 미신
8. 극소량

1. expert
2. superstition
3. plague
4. portrait
5. anniversary
6. particle
7. penalty
8. vogue

연습문제 2

1. portrait
2. penalty
3. expert
4. anniversary
5. plague
6. superstition
7. Particles
8. vogue

연습문제 3

1. portrait
2. superstition
3. expert
4. particle
5. plague
6. penalty
7. anniversary
8. vogue

단어공부 5일째 p.24

연습문제 1

1. 사명, 임무
2. 자선; 자선단체
3. 재판; 시험
4. 제국
5. 의식
6. (육식 동물의) 먹이
7. 소량; 분수
8. 요약

1. summary
2. fraction
3. prey
4. mission
5. charity
6. empire
7. ritual
8. trial

연습문제 2

1. fraction
2. trial
3. prey
4. empire
5. summary
6. mission
7. charities
8. ritual

연습문제 3

1. prey
2. summary
3. fraction
4. mission
5. ritual
6. charity
7. empire
8. trial

단어 test 1~5일 p.26~27

A

1. reputation
2. orbit
3. evolution
4. biography
5. attitude

B

1. c
2. c
3. d
4. d
5. c

C

1. a
2. b
3. b
4. b
5. a

D

1. prosperity
2. faith
3. astronomy
4. device
5. faults

단어공부 6일째　　p.28

p.28

연습문제 1

1. 목적지
2. 설교
3. (시간적) 간격
4. 외과 의사
5. (출국) 이민
6. 최소 한도
7. 핵심
8. 걸작, 대작

1. surgeon
2. emigrant
3. masterpiece
4. core
5. destination
6. sermon
7. interval
8. minimum

연습문제 2

1. sermon
2. emigrants
3. masterpiece
4. core
5. destination
6. surgeon
7. lnterval
8. minimum

연습문제 3

1. sermon
2. destination
3. surgeon
4. emigrant
5. minimum
6. masterpiece
7. core
8. interval

단어공부 7일째　　p.32

p.32

연습문제 1

1. 범죄, 죄
2. 과정; 공정
3. 위협
4. 초원, 목초지
5. 범위, 정도
6. (도덕상의)죄악
7. (하수의)오물
8. 방법, 방식

1. method
2. sewage
3. crime
4. process
5. threat
6. extent
7. meadow
8. sin

연습문제 2

1. sin
2. meadow
3. extent
4. process
5. crime
6. sewage
7. method
8. threat

연습문제 3

1. method
2. crime
3. extent
4. meadow
5. threat
6. sewage
7. sin
8. process

단어공부 6일째　　p.30

p.30

연습문제 1

1. 지성
2. 악덕; 결점
3. 구역, 지역
4. 비탄
5. 사치; 사치품
6. 내과 의사
7. 미덕; 장점
8. 능력; 재능

1. physician
2. virtue
3. faculty
4. vice
5. intellect
6. grief
7. district
8. luxury

연습문제 2

1. intellect
2. grief
3. district
4. vices
5. luxury
6. physician
7. virtue
8. faculty

연습문제 3

1. vice
2. faculty
3. physician
4. luxury
5. grief
6. virtue
7. intellect
8. district

단어공부 7일째　　p.34

p.34

연습문제 1

1. 벼랑, 절벽
2. 희생자
3. 기초, 근거
4. 덩어리; 무리
5. 매체
6. 견본
7. 부끄럼
8. 반도

1. shame
2. medium
3. cliff
4. specimen
5. basis
6. peninsula
7. victim
8. mass

연습문제 2

1. Victims
2. mass
3. peninsula
4. basis
5. shame
6. specimen
7. medium
8. cliff

연습문제 3

1. cliff
2. basis
3. specimen
4. peninsula
5. medium
6. mass
7. victim
8. shame

단어공부 8일째   p.36

1. 자비; 동정
2. 장점
3. 애정
4. 위험
5. 피로, 피곤
6. 주제, 논제
7. 방언, 사투리
8. 결함

1. fatigue
2. defect
3. dialect
4. theme
5. risk
6. affection
7. merit
8. mercy

연습문제 2

1. theme
2. merit
3. fatigue
4. defect
5. dialect
6. affection
7. risk
8. mercy

연습문제 3

1. theme
2. defect
3. mercy
4. dialect
5. fatigue
6. merit
7. risk
8. affection

단어공부 9일째   p.40

연습문제 1

1. 다르다; 변하다
2. 충격; 영향
3. 발견하다
4. 시들다
5. 초과하다
6. 환영; 환영회
7. 거주자
8. 수령; 영수증

1. detect
2. inhabitant
3. vary
4. impact
5. receipt
6. wither
7. exceed
8. reception

연습문제 2

1. inhabitants
2. exceed
3. withered
4. impact
5. vary
6. reception
7. receipt
8. detected

연습문제 3

1. vary
2. reception
3. detect
4. inhabitant
5. receipt
6. impact
7. wither
8. exceed

단어공부 8일째   p.38

연습문제 1

1. 강당
2. 목격자
3. 오염
4. 습기, 수분
5. 기숙사
6. (사람의) 시체
7. 풍경, 경관
8. 과수원

1. dormitory
2. corpse
3. orchard
4. scenery
5. auditorium
6. moisture
7. witness
8. pollution

연습문제 2

1. dormitory
2. corpse
3. moisture
4. Pollution
5. witness
6. auditorium
7. orchard
8. scenery

연습문제 3

1. scenery
2. auditorium
3. orchard
4. corpse
5. dormitory
6. pollution
7. witness
8. moisture

단어공부 9일째   p.42

연습문제 1

1. 실망시키다
2. 다시 시작하다
3. 게걸스레 먹다
4. 방해하다
5. 회복하다
6. 기르다
7. 능가하다
8. 썩다

1. devour
2. nourish
3. surpass
4. decay
5. resume
6. disappoint
7. restore
8. interfere

연습문제 2

1. decayed
2. interferes
3. nourish
4. devoured
5. surpasses
6. disappointed
7. resumed
8. restored

연습문제 3

1. restore
2. interfere
3. nourish
4. decay
5. resume
6. surpass
7. devour
8. disappointed

연습문제 1

1. 축적하다
2. 제한하다
3. 예상하다
4. 정제하다
5. 복수하다
6. 주름지다
7. 치유하다
8. 투자하다

1. revenge
2. wrinkle
3. heal
4. accumulate
5. invest
6. limit
7. anticipate
8. refine

연습문제 2

1. heal
2. invested
3. wrinkles
4. limit
5. revenge
6. accumulated
7. refined
8. anticipate

연습문제 3

1. wrinkle
2. refine
3. accumulate
4. revenge
5. heal
6. anticipate
7. limit
8. invest

A

1. virtue
2. faculty
3. crime
4. peninsula
5. fatigue

B

1. a
2. b
3. b
4. b
5. d

C

1. c
2. a
3. a
4. a
5. c

D

1. detected
2. exceed
3. withered
4. decayed
5. disappointed

연습문제 1

1. 결심하다
2. 흉내내다
3. 말을 더듬다
4. 등록하다
5. 오용하다
6. 고백하다
7. 녹이다
8. 신호하다

1. beckon
2. enroll
3. confess
4. resolve
5. stammer
6. thaw
7. misuse
8. mimic

연습문제 2

1. confess
2. misuse
3. mimic
4. resolved
5. thaw
6. stammer
7. enroll
8. beckoned

연습문제 3

1. stammer
2. beckon
3. mimic
4. enroll
5. misuse
6. thaw
7. confess
8. resolve

단어공부 11일째 p.50

연습문제 1

1. 연장하다
2. 비판[비평]하다
3. 지탱하다
4. 소리치다
5. 우연히 듣다
6. 마비시키다
7. 위태롭게 하다
8. 풀어주다

1. release
2. sustain
3. overhear
4. endanger
5. exclaim
6. criticize
7. paralyze
8. prolong

연습문제 2

1. released
2. exclaimed
3. prolong
4. overheard
5. paralyzed
6. criticizes
7. endangering
8. sustained

연습문제 3

1. sustain
2. release
3. paralyze
4. endanger
5. exclaim
6. criticize
7. overhear
8. prolong

단어공부 12일째 p.54

1. 달래다
2. 괴롭히다
3. 전복하다
4. 계속 지니다
5. (가치) 높이다
6. 보완하다
7. 격노하다
8. 녹이다

1. enhance
2. retain
3. dissolve
4. supplement
5. rage
6. overthrow
7. distress
8. soothe

연습문제 2

1. dissolved
2. enhanced
3. supplements
4. overthrow
5. raged
6. retain
7. soothed
8. distressed

연습문제 3

1. rage
2. supplement
3. overthrow
4. retain
5. distress
6. soothe
7. dissolve
8. enhance

단어공부 11일째 p.52

연습문제 1

1. 호출하다
2. 서성이다
3. 괴롭히다
4. 대신하다
5. 없애다
6. 이식하다
7. 명상하다
8. 위로하다

1. linger
2. dispose
3. summon
4. torment
5. meditate
6. console
7. substitute
8. transplant

연습문제 2

1. lingered
2. console
3. meditate
4. disposed
5. summoned
6. tormented
7. transplanted
8. substituted

연습문제 3

1. linger
2. torment
3. substitute
4. console
5. meditate
6. dispose
7. summon
8. transplant

단어공부 12일째 p.56

연습문제 1

1. 방해하다
2. 전념하다
3. 깜짝 놀라게 하다
4. 침략하다
5. 전달하다
6. 불러일으키다
7. 위반하다
8. 나타내다

1. arouse
2. invade
3. convey
4. violate
5. devote
6. hinder
7. indicate
8. startle

연습문제 2

1. aroused
2. hindered
3. devoted
4. invaded
5. convey
6. violated
7. indicated
8. startled

연습문제 3

1. hinder
2. devote
3. invade
4. convey
5. indicate
6. startle
7. violate
8. arouse

단어공부 13일째   p.58

p.58

연습문제 1

1. 제거하다
2. 삼가다
3. 정의하다
4. 속이다
5. 좌절시키다
6. 보상하다
7. 금지하다
8. 위장하다

1. disguise
2. frustrate
3. forbid
4. define
5. eliminate
6. refrain
7. compensate
8. deceive

연습문제 2

1. eliminate
2. define
3. forbid
4. disguised
5. refrain
6. compensate
7. frustrated
8. deceive

연습문제 3

1. eliminate
2. compensate
3. forbid
4. define
5. disguise
6. refrain
7. deceive
8. frustrate

단어공부 14일째   p.62

p.62

연습문제 1

1. 탐험하다
2. 키우다
3. 따르다
4. 많다
5. 양육하다
6. 빼앗다
7. 개혁하다
8. 실증하다

1. demonstrate
2. breed
3. deprive
4. reform
5. rear
6. conform
7. abound
8. explore

연습문제 2

1. exploring
2. reared
3. conform
4. breed
5. deprived
6. abound
7. reform
8. demonstrated

연습문제 3

1. conform
2. rear
3. deprive
4. demonstrate
5. reform
6. breed
7. explore
8. abound

단어공부 13일째   p.60

p.60

연습문제 1

1. 전송하다
2. 메스껍게 하다
3. 압박하다
4. 제한하다
5. 어림잡다
6. 강제로 시키다
7. 부인하다
8. 중단시키다

1. restrict
2. estimate
3. interrupt
4. compel
5. deny
6. disgust
7. transmit
8. oppress

연습문제 2

1. oppressed
2. transmit
3. disgust
4. compelled
5. estimated
6. restricted
7. denied
8. interrupted

연습문제 3

1. deny
2. oppress
3. disgust
4. estimate
5. restrict
6. transmit
7. compel
8. interrupt

단어공부 14일째   p.64

p.64

연습문제 1

1. (생애) 바치다
2. 남용하다
3. 방송하다
4. 혼란시키다
5. 포옹하다
6. 저주하다
7. 맹세하다
8. 참여하다

1. curse
2. embrace
3. broadcast
4. abuse
5. participate
6. confuse
7. dedicate
8. swear

연습문제 2

1. embraced
2. swear
3. broadcast
4. confuses
5. participate
6. abuse
7. cursed
8. dedicated

연습문제 3

1. abuse
2. participate
3. curse
4. broadcast
5. dedicate
6. confuse
7. embrace
8. swear

연습문제 1

1. 후회하다
2. 짜증나게 하다
3. 배달하다
4. (법)폐지하다
5. 부과하다
6. ~할 가치가 있다
7. 제출하다
8. 찬성하다

1. submit
2. abolish
3. impose
4. deserve
5. repent
6. irritate
7. approve
8. deliver

A

1. released
2. prolong
3. sustained
4. supplements
5. define

연습문제 2

1. submit
2. abolished
3. irritated
4. deserves
5. approved
6. deliver
7. repented
8. imposed

연습문제 3

1. repent
2. submit
3. approve
4. abolish
5. deliver
6. impose
7. deserve
8. irritate

B

1. c
2. c
3. d
4. b
5. b

C

1. a
2. a
3. b
4. a
5. a

연습문제 1

1. 억제하다
2. 시인하다
3. 괴롭히다
4. 사과하다
5. 왜곡하다
6. 비웃다, 깔보다
7. 거부하다
8. (정신을)산란케 하다

1. tease
2. distract
3. reject
4. restrain
5. apologize
6. acknowledge
7. distort
8. scorn

D

1. tormented
2. deprived
3. endangering
4. meditate
5. summoned

연습문제 2

1. distracted
2. tease
3. rejected
4. scorned
5. acknowledged
6. restrain
7. distorted
8. apologized

연습문제 3

1. reject
2. distract
3. tease
4. scorn
5. distort
6. restrain
7. acknowledge
8. apologize

단어공부 16일째   p.72

p.72

연습문제 1

1. 새겨넣다	1. inhabit
2. 차지하다	2. cease
3. 둘러싸다	3. plead
4. 살다	4. surround
5. 중지하다	5. engrave
6. 거주하다	6. abandon
7. 간청하다	7. occupy
8. 포기하다	8. dwell

연습문제 2 / **연습문제 3**

1. dwells	1. abandon
2. pleading	2. surround
3. inhabited	3. cease
4. occupies	4. plead
5. ceased	5. inhabit
6. surrounded	6. engrave
7. engraved	7. occupy
8. abandoned	8. dwell

단어공부 17일째   p.76

p.76

연습문제 1

1. 참다	1. consent
2. 생각하다	2. betray
3. 동의하다	3. derive
4. 눈살을 찌푸리다	4. correspond
5. 인지하다	5. tolerate
6. 유래하다; 얻다	6. perceive
7. 배반하다	7. frown
8. 일치하다	8. conceive

연습문제 2 / **연습문제 3**

1. correspond	1. derive
2. conceive	2. correspond
3. frowned	3. conceive
4. consent	4. tolerate
5. derived	5. perceive
6. betrayed	6. betray
7. perceived	7. consent
8. tolerate	8. frown

단어공부 16일째   p.74

p.74

연습문제 1

1. 예금하다	1. insult
2. 이민가다	2. withdraw
3. 무시하다	3. conserve
4. 인출하다	4. immigrate
5. 설치하다	5. install
6. 이민오다	6. emigrate
7. 보존하다	7. ignore
8. 모욕하다	8. deposit

연습문제 2 / **연습문제 3**

1. emigrated	1. deposit
2. deposited	2. conserve
3. ignores	3. withdraw
4. install	4. ignore
5. insulted	5. insult
6. conserve	6. emigrate
7. immigrated	7. install
8. withdrew	8. immigrate

단어공부 17일째   p.78

p.78

연습문제 1

1. (부분적으로) 수정하다	1. modify
2. 죽다	2. permit
3. 부정하다	3. discriminate
4. 거역하다	4. offer
5. 허가하다	5. perish
6. 차별하다	6. infect
7. 감염시키다	7. rebel
8. 제의하다	8. contradict

연습문제 2 / **연습문제 3**

1. offered	1. permit
2. perish	2. rebel
3. permitted	3. infect
4. discriminate	4. offer
5. infected	5. perish
6. rebelled	6. modify
7. contradicted	7. discriminate
8. modified	8. contradict

단어공부 18일째   p.80

p.80

연습문제 1

1. 숙고하다
2. 고문하다
3. 비추다
4. 불평하다
5. 추론하다
6. 서두르다
7. 처방하다
8. 꿰뚫다

1. hasten
2. grumble
3. pierce
4. ponder
5. infer
6. illuminate
7. torture
8. prescribe

연습문제 2

1. inferred
2. pierced
3. tortured
4. pondered
5. illuminated
6. grumble
7. prescribed
8. hastened

연습문제 3

1. pierce
2. hasten
3. ponder
4. grumble
5. infer
6. illuminate
7. prescribe
8. torture

단어공부 19일째   p.84

p.84

연습문제 1

1. 예측하다
2. 번영하다
3. 불을 끄다
4. 확대하다
5. 순환하다
6. 동시에 일어나다
7. 정기구독하다
8. 개조하다

1. subscribe
2. forecast
3. coincide
4. circulate
5. extinguish
6. prosper
7. convert
8. magnify

연습문제 2

1. subscribe
2. converted
3. circulates
4. forecast
5. extinguished
6. coincide
7. prospering
8. magnifies

연습문제 3

1. subscribe
2. forecast
3. circulate
4. convert
5. coincide
6. prosper
7. magnify
8. extinguish

단어공부 18일째   p.82

p.82

연습문제 1

1. (정신적으로) 압도하다
2. 이주하다
3. 권리를 주다
4. 버리다
5. 풍요하게 하다
6. 삽입하다
7. (구체적으로) 나타내다
8. (일시) 중단하다

1. suspend
2. insert
3. migrate
4. embody
5. enrich
6. overwhelm
7. discard
8. entitle

연습문제 2

1. suspended
2. inserted
3. discarded
4. migrate
5. entitles
6. embodies
7. enriches
8. Overwhelmed

연습문제 3

1. discard
2. entitle
3. embody
4. overwhelm
5. enrich
6. migrate
7. insert
8. suspend

단어공부 19일째   p.86

p.86

연습문제 1

1. 문의하다
2. 확인하다
3. 사라지다
4. 이기다
5. (법) 금지하다
6. 자극하다
7. 과장하다
8. 격려하다

1. prevail
2. prohibit
3. encourage
4. exaggerate
5. stimulate
6. vanish
7. confirm
8. inquire

연습문제 2

1. confirm
2. exaggerates
3. stimulates
4. prevail
5. vanished
6. encouraged
7. prohibit
8. inquired

연습문제 3

1. inquire
2. confirm
3. vanish
4. stimulate
5. prevail
6. encourage
7. exaggerate
8. prohibit

연습문제 1

1. 보증하다
2. 책임지다
3. 비위 맞추다
4. 줄이다
5. 지배하다
6. 일변시키다
7. 암시하다
8. 조직하다

1. transform
2. imply
3. organize
4. dominate
5. ensure
6. flatter
7. diminish
8. guarantee

연습문제 2

1. diminished
2. transformed
3. dominated
4. ensure
5. flattered
6. implying
7. guarantees
8. Organize

연습문제 3

1. dominate
2. diminish
3. transform
4. organize
5. ensure
6. flatter
7. guarantee
8. imply

단어공부 20일째   p.90

연습문제 1

1. 상속하다
2. 옮기다
3. 빠뜨리다
4. 수동적인
5. 기증하다
6. 적합한
7. 소생하다
8. 능동적인

1. active
2. revive
3. fit
4. inherit
5. passive
6. omit
7. donate
8. transfer

연습문제 2

1. passive
2. inherited
3. omit
4. active
5. fit
6. revived
7. transferred
8. donate

연습문제 3

1. transfer
2. donate
3. fit
4. passive
5. revive
6. active
7. omit
8. inherit

A

1. occupies
2. deposited
3. correspond
4. derived
5. betrayed

B

1. d
2. d
3. d
4. d
5. c

C

1. c
2. b
3. a
4. a
5. a

D

1. pleading
2. inhabited
3. ceased
4. surrounded
5. engraved

연습문제 1

1. 깨지기 쉬운	1. humble
2. 무서운	2. lean
3. 빽빽한	3. diverse
4. 익숙한	4. infamous
5. 악명 높은	5. accustomed
6. 겸손한	6. dense
7. 다양한	7. scary
8. 야윈	8. fragile

연습문제 2

1. humble
2. dense
3. scary
4. fragile
5. lean
6. diverse
7. accustomed
8. infamous

연습문제 3

1. scary
2. humble
3. accustomed
4. lean
5. diverse
6. infamous
7. fragile
8. dense

연습문제 1

1. 피상적인	1. distinctive
2. 별개의	2. obstinate
3. 겸손한	3. rotten
4. 고집센	4. superficial
5. 독특한	5. converse
6. 부패한	6. moderate
7. 거꾸로 된	7. modest
8. 적당한	8. distinct

연습문제 2

1. distinctive
2. rotten
3. obstinate
4. modest
5. superficial
6. converse
7. distinct
8. moderate

연습문제 3

1. converse
2. moderate
3. modest
4. obstinate
5. distinct
6. distinctive
7. superficial
8. rotten

연습문제 1

1. 이국풍의	1. steep
2. 반대의	2. corrupt
3. 축축한	3. numb
4. 가파른	4. serene
5. 무더운	5. exotic
6. 감각이 없는	6. moist
7. 조용한	7. reverse
8. 부패한	8. sultry

연습문제 2

1. corrupt
2. numb
3. serene
4. reverse
5. moist
6. steep
7. sultry
8. exotic

연습문제 3

1. serene
2. reverse
3. corrupt
4. steep
5. moist
6. sultry
7. exotic
8. numb

연습문제 1

1. 가공의	1. rational
2. 많은	2. subjective
3. 이성적인	3. imaginary
4. 외로운	4. sullen
5. 주관적인	5. numerous
6. 상상력이 풍부한	6. scarce
7. 시무룩한	7. imaginative
8. 부족한	8. desolate

연습문제 2

1. imaginative
2. desolate
3. subjective
4. Numerous
5. sullen
6. imaginary
7. scarce
8. rational

연습문제 3

1. scarce
2. imaginary
3. rational
4. desolate
5. subjective
6. imaginative
7. sullen
8. numerous

단어공부 23일째 p.102

연습문제 1

1. 일시적인
2. 적극적인
3. 내부의
4. 치명적인
5. 철저한
6. 무한한
7. 도덕의
8. 영구적인

1. fatal
2. infinite
3. temporary
4. thorough
5. internal
6. positive
7. permanent
8. moral

연습문제 2

1. fatal
2. permanent
3. thorough
4. infinite
5. positive
6. internal
7. moral
8. temporary

연습문제 3

1. temporary
2. infinite
3. fatal
4. positive
5. permanent
6. internal
7. moral
8. thorough

단어공부 24일째 p.106

연습문제 1

1. 격렬한
2. 민감한
3. 단조로운
4. 널찍한
5. 분별 있는
6. 필적하는
7. 사소한
8. (양)적은

1. slight
2. spacious
3. intense
4. comparable
5. sensitive
6. trivial
7. monotonous
8. sensible

연습문제 2

1. monotonous
2. sensible
3. trivial
4. spacious
5. intense
6. comparable
7. slight
8. sensitive

연습문제 3

1. comparable
2. slight
3. sensible
4. intense
5. sensitive
6. trivial
7. spacious
8. monotonous

단어공부 23일째 p.104

연습문제 1

1. 중대한
2. 엄청난
3. 순간적인
4. 이기적인
5. 효과적인
6. 빈번한
7. 별난; 고유한
8. 기본적인

1. fundamental
2. momentous
3. frequent
4. peculiar
5. momentary
6. tremendous
7. selfish
8. effective

연습문제 2

1. momentous
2. fundamental
3. momentary
4. effective
5. frequent
6. peculiar
7. Selfish
8. tremendous

연습문제 3

1. selfish
2. effective
3. frequent
4. peculiar
5. fundamental
6. tremendous
7. momentous
8. momentary

단어공부 24일째 p.108

연습문제 1

1. 무관심한
2. 잠재적인
3. 놀라운
4. 피할 수 없는
5. 하나 건너
6. 찬란한
7. 불가결한
8. 최고의

1. inevitable
2. marvelous
3. indifferent
4. indispensable
5. alternate
6. supreme
7. potential
8. brilliant

연습문제 2

1. indifferent
2. inevitable
3. potential
4. marvelous
5. alternate
6. indispensable
7. supreme
8. brilliant

연습문제 3

1. indifferent
2. indispensable
3. supreme
4. inevitable
5. marvelous
6. brilliant
7. alternate
8. potential

연습문제 1

1. 장대한
2. 연간의
3. 매우 귀중한
4. 최대한의
5. 과도한
6. 동시대의
7. 만장 일치의
8. 교만한

1. arrogant
2. contemporary
3. magnificent
4. excessive
5. unanimous
6. invaluable
7. maximum
8. annual

연습문제 2

1. annual
2. Excessive
3. unanimous
4. magnificent
5. contemporary
6. invaluable
7. maximum
8. arrogant

연습문제 3

1. unanimous
2. arrogant
3. maximum
4. excessive
5. contemporary
6. invaluable
7. annual
8. magnificent

A

1. dense
2. fragile
3. infamous
4. numb
5. rotten

B

1. c
2. c
3. d
4. d
5. d

C

1. b
2. b
3. a
4. a
5. a

연습문제 1

1. 영원한
2. (의복이) 낡은
3. 미묘한
4. 미세한
5. 거대한
6. 조심하는
7. 능률적인
8. 깊은, 심오한

1. profound
2. subtle
3. alert
4. efficient
5. threadbare
6. minute
7. eternal
8. enormous

D

1. imaginative
2. rational
3. corrupt
4. moral
5. effective

연습문제 2

1. subtle
2. profound
3. threadbare
4. efficient
5. alert
6. enormous
7. minute
8. eternal

연습문제 3

1. profound
2. enormous
3. subtle
4. minute
5. alert
6. efficient
7. threadbare
8. eternal

단어공부 26일째   p.116

p.116

연습문제 1

1. 저명한
2. 공손한
3. 휴대용의
4. 기름 투성이의
5. 바람직한
6. 사교적인
7. (필적 등이)읽기 쉬운
8. (통증이)심한

1. legible
2. sociable
3. courteous
4. portable
5. acute
6. eminent
7. desirable
8. greasy

연습문제 2

1. legible
2. greasy
3. eminent
4. portable
5. sociable
6. desirable
7. acute
8. courteous

연습문제 3

1. desirable
2. greasy
3. sociable
4. courteous
5. eminent
6. legible
7. acute
8. portable

단어공부 27일째   p.120

p.120

연습문제 1

1. 신선하지 않은
2. 사실상의
3. 조심하는
4. 천연 그대로의
5. 매혹된
6. 독창적인
7. 진보적인
8. 호의적인

1. ingenious
2. spellbound
3. liberal
4. stale
5. virtual
6. favorable
7. crude
8. cautious

연습문제 2

1. Crude
2. spellbound
3. stale
4. liberal
5. cautious
6. virtual
7. ingenious
8. favorable

연습문제 3

1. virtual
2. stale
3. spellbound
4. ingenious
5. liberal
6. favorable
7. crude
8. cautious

단어공부 26일째   p.118

p.118

연습문제 1

1. 인적이 없는
2. (태도가)느긋한
3. 지나치게 뚱뚱한
4. 멸종된
5. 명확한
6. 탄력 있는
7. 적당한
8. 극지의

1. specific
2. elastic
3. polar
4. appropriate
5. obese
6. deserted
7. extinct
8. easygoing

연습문제 2

1. extinct
2. deserted
3. easygoing
4. polar
5. elastic
6. appropriate
7. Obese
8. specific

연습문제 3

1. polar
2. elastic
3. specific
4. easygoing
5. obese
6. appropriate
7. deserted
8. extinct

단어공부 27일째   p.122

p.122

연습문제 1

1. 교육적인
2. 눈에 띄는
3. 재빠른
4. 숨막히는
5. 관례적인
6. 일치하는
7. 투명한
8. 조리법

1. swift
2. stuffy
3. customary
4. outstanding
5. transparent
6. recipe
7. consistent
8. instructive

연습문제 2

1. swift
2. instructive
3. outstanding
4. stuffy
5. transparent
6. consistent
7. customary
8. recipe

연습문제 3

1. swift
2. customary
3. recipe
4. transparent
5. stuffy
6. outstanding
7. instructive
8. consistent

단어공부 28일째   p.124

연습문제 1

1. 식욕	1. clue
2. 목이 쉰	2. hoarse
3. 단백질	3. remarkable
4. 분명한	4. faulty
5. 결점이 있는	5. suspicious
6. 놀랄 만한	6. protein
7. 실마리	7. apparent
8. 의심하는	8. appetite

연습문제 2

1. appetite
2. apparent
3. remarkable
4. Faulty
5. clue
6. hoarse
7. protein
8. suspicious

연습문제 3

1. clue
2. apparent
3. protein
4. suspicious
5. remarkable
6. faulty
7. appetite
8. hoarse

단어공부 29일째   p.128

연습문제 1

1. 공포	1. vapor
2. 연속	2. famine
3. 기근	3. aptitude
4. 증기	4. instinct
5. 세부 사항	5. sequence
6. 원정(대)	6. panic
7. 본능	7. detail
8. 적성	8. expedition

연습문제 2

1. aptitude
2. instinct
3. sequence
4. famine
5. details
6. expedition
7. vapor
8. panic

연습문제 3

1. vapor
2. expedition
3. sequence
4. famine
5. detail
6. instinct
7. aptitude
8. panic

단어공부 28일째   p.126

연습문제 1

1. 유전	1. oath
2. 영양소	2. fossil
3. 신기원	3. heredity
4. 절도	4. epoch
5. 유전자	5. nutrient
6. 화석	6. gene
7. 시대	7. theft
8. 서약	8. era

연습문제 2

1. era
2. heredity
3. nutrients
4. epoch
5. fossil
6. oath
7. theft
8. genes

연습문제 3

1. nutrient
2. epoch
3. theft
4. gene
5. oath
6. heredity
7. fossil
8. era

단어공부 29일째   p.130

연습문제 1

1. 위험	1. hazard
2. 영토	2. weapon
3. (눈)사태	3. reservoir
4. 절망	4. avalanche
5. 충동	5. equipment
6. 무기	6. territory
7. 장비	7. despair
8. 저수지	8. impulse

연습문제 2

1. hazard
2. reservoir
3. territory
4. avalanche
5. despair
6. weapons
7. equipment
8. impulse

연습문제 3

1. impulse
2. reservoir
3. territory
4. despair
5. weapon
6. equipment
7. avalanche
8. hazard

단어공부 30일째 p.132

p.132

연습문제 1

1. 상태, 사정
2. 대부분
3. 특권, 특전
4. 편견
5. 통화, 화폐
6. 권위; 권위자
7. 소수
8. 비용

1. authority
2. expense
3. situation
4. minority
5. privilege
6. currency
7. majority
8. bias

연습문제 2

1. authority
2. majority
3. privilege
4. expense
5. situation
6. minority
7. bias
8. currency

연습문제 3

1. bias
2. currency
3. privilege
4. expense
5. situation
6. majority
7. authority
8. minority

단어 test 25~30일 p.136~137

p.136~137

A

1. legible
2. portable
3. deserted
4. elastic
5. transparent

B

1. c
2. c
3. b
4. b
5. b

C

1. c
2. b
3. a
4. c
5. c

단어공부 30일째 p.134

p.134

연습문제 1

1. 식사
2. 조언
3. 외국인, 외계인
4. 비상사태
5. 고도
6. 장식품
7. 탄수화물
8. 경쟁

1. alien
2. contest
3. altitude
4. ornament
5. counsel
6. board
7. emergency
8. carbohydrate

D

1. desirable
2. polar
3. cautious
4. favorable
5. Faulty

연습문제 2

1. contest
2. board
3. emergency
4. altitude
5. carbohydrate
6. ornament
7. aliens
8. counsel

연습문제 3

1. emergency
2. carbohydrate
3. ornament
4. altitude
5. counsel
6. board
7. contest
8. alien

연습문제 2 문장에 알맞는 단어를 써 보세요.

1. 어머니는 아이를 껴안았다.
   The mother _____ her child.

2. 나는 진실을 말하고 있음을 맹세합니다.
   I _____ that I'm telling the truth.

3. 수상은 TV로 자신의 메시지를 방송했다.
   The Prime Minister _____ his message on TV.

4. 저 도로 표지판은 운전자들을 혼란케 한다.
   That street sign _____ drivers.

5. 그는 매우 기꺼이 그 일에 참여했다.
   He was quite willing to _____ in the work.

6. 우리는 천연자원을 남용해서는 안 된다.
   We must not _____ our natural resources.

7. 그는 너무 늦게 달린다고 운전자에게 욕을 했다.
   He _____ the driver for being so slow.

8. 그녀는 가난한 사람들을 돌보는 데 일생을 바쳤다.
   She _____ her life to caring for the poor.

연습문제 3 영영풀이에 맞는 단어를 써 보세요.

1. _____ : to use improperly or wrongly

2. _____ : to take part or have a role in an activity or event

3. _____ : to use rude language to express your anger

4. _____ : to send information, stories or music by radio or television

5. _____ : to give all your energy, efforts, etc. to something

6. _____ : to make someone unable to think clearly or understand

7. _____ : to hold in one's arms as a sign of love or affection

8. _____ : to say or promise something very seriously

단어공부 15일째

225	**impose** [impóuz]	v. ❶ 부과하다 ❷ 강요하다
226	**irritate** [írətèit]	v. 짜증나게 하다, 화나게 하다 (= annoy) ▶ irritating : a. 짜증나게 하는
227	**submit** [səbmít]	v. ❶ 제출하다 (= hand in) ❷ 복종하다 (~ to)
228	**deliver** [dilívər]	v. ❶ 배달하다 ❷ 연설·설교를 하다 ▶ delivery : n. 배달; 말솜씨
229	**approve** [əprúːv]	v. ❶ 찬성하다 (↔ disapprove) ❷ 승인하다 ▶ approval : n. 찬성; 승인
230	**repent** [ripént]	v. ❶ 후회하다 ❷ 뉘우치다 ▶ repentance : n. 후회, 회개
231	**abolish** [əbáliʃ]	v. (법·제도·관습 등을) 폐지하다 (= do away with) ▶ abolition : n. 폐지
232	**deserve** [dizə́ːrv]	v. ~할 가치가 있다 (= be worthy of)

연습문제 1 | 영어는 우리말로, 우리말은 영어로 써 보세요.

1. repent _____
2. irritate _____
3. deliver _____
4. abolish _____
5. impose _____
6. deserve _____
7. submit _____
8. approve _____

1. 제출하다 _____
2. (법) 폐지하다 _____
3. 부과하다 _____
4. ~할 가치가 있다 _____
5. 후회하다 _____
6. 짜증나게 하다 _____
7. 찬성하다 _____
8. 배달하다 _____

연습문제 2 문장에 알맞는 단어를 써 보세요.

1. 당신은 그 제안서를 위원회에 제출해야 합니다.
   You should _____ the proposal to the committee.

2. 어떤 사람들은 사형제도는 폐지돼야 한다고 생각한다.
   Some people think the death penalty should be _____.

3. 소년의 어리석은 질문에 어머니는 짜증을 냈다.
   The boy's foolish questions _____ his mother.

4. 그의 행동은 칭찬받을 만하다.
   His conduct _____ praise.

5. 그의 부모는 그가 시간제 일을 하겠다는 생각에 찬성했다.
   His parents _____ his idea of getting a part-time job.

6. 식료품들을 저의 집으로 배달해주십시오.
   Please _____ the groceries to my house.

7. 그는 새를 쏜 것을 후회했다.
   He _____ having shot the bird.

8. 사치품들에는 무거운 세금이 부과된다.
   Heavy taxes are _____ on luxuries.

연습문제 3 영영풀이에 맞는 단어를 써 보세요.

1. _____ : to feel guilt and sorrow for one's actions

2. _____ : to give a plan, etc. to someone in authority for approval

3. _____ : to consent, permit

4. _____ : to end something

5. _____ : to bring things to people

6. _____ : to put a tax, a burden, etc. on someone

7. _____ : to be worthy of

8. _____ : to annoy

단어공부 15일째

따라하기 | 단어를 세 번씩 따라 써보세요.

233	**acknowledge** [æknάlidʒ]	v. ❶ 시인하다 ❷ 인정하다 ❸ 받았음을 알리다
234	**reject** [ridʒékt]	v. 거부 [거절] 하다 (= turn down, refuse) ▶ rejection : n. 거부[거절]
235	**distort** [distɔ́:rt]	v. 왜곡하다 ▶ distortion : n. 왜곡
236	**distract** [distrǽkt]	v. (정신을)산란케 하다 ▶ distracted : a. 정신이 산란한
237	**apologize** [əpάlədʒàiz]	v. 사과하다 ▶ apology : n. 사과
238	**scorn** [skɔ:rn]	v. 비웃다, 깔보다 (= look down on) n. 경멸 ▶ scornful : a. 경멸하는
239	**restrain** [ristréin]	v. 억제하다 ▶ restraint : n. 억제
240	**tease** [ti:z]	v. 괴롭히다, 집적거리다

연습문제 1 | 영어는 우리말로, 우리말은 영어로 써 보세요.

1. restrain _____	1. 괴롭히다 _____
2. acknowledge _____	2. (정신을)산란케 하다 _____
3. tease _____	3. 거부하다 _____
4. apologize _____	4. 억제하다 _____
5. distort _____	5. 사과하다 _____
6. scorn _____	6. 시인하다 _____
7. reject _____	7. 왜곡하다 _____
8. distract _____	8. 비웃다, 깔보다 _____

연습문제 2 문장에 알맞는 단어를 써 보세요.

1. 소음 때문에 정신이 산란하여 숙제를 못했다.
   The noise _____ me from my homework.

2. 고양이를 괴롭히지 마라. 안그러면 할퀼테니까.
   Don't _____ the cat or it will scratch you.

3. 그는 그들이 돕겠다는 제의를 거절했다.
   He _____ their offer of help.

4. 그녀는 인플레가 이미 잡혔다는 견해를 비웃었다.
   She _____ the view that inflation was already beaten.

5. 과학자들은 자신들의 연구에 오류가 있었음을 시인했다.
   The scientists _____ the mistakes of their research.

6. 가격 인상은 소비를 억제하는 경향이 있다.
   Price rises tend to _____ consumer spending.

7. 그 남자는 책임을 면하려고 사건의 진상을 왜곡했다.
   The man _____ the facts of the accident to escape blame.

8. 그는 나에게 자신의 무례한 행동에 대해 사과했다.
   He _____ to me for his rude behavior.

연습문제 3 영영풀이에 맞는 단어를 써 보세요.

1. _____ : to refuse to accept, use or believe

2. _____ : to disturb or divert attention

3. _____ : to make fun of someone in an unkind way

4. _____ : to show contempt for someone or something

5. _____ : to change the truth or original meaning of something

6. _____ : to hold back

7. _____ : to admit the existence or truth of something

8. _____ : to say that you are sorry for something you have done

단어 test 11~15일

> prolong   released   supplements   define   sustained

1. The hostage was _____ after being held prisoner for one month.

2. New medical technologies can _____ people's lives.

3. Hope of rescue _____ the trapped miners.

4. He _____ his income by working at another job.

5. Dictionaries _____ words.

B 빈칸에 들어갈 알맞은 단어를 고르시오.

1. E-mail will be the quickest way to _____ the message.
   a. reveal   b. relate   c. transmit   d. control

2. Their conversation was _____ by a telephone call.
   a. started   b. facilitated   c. interrupted   d. helped

3. The scientists _____ the correctness of his theory.
   a. displayed   b. exploded   c. obeyed   d. demonstrated

4. He _____ having shot the bird.
   a. regarded   b. repented   c. looked   d. respected

5. The man _____ the facts of the accident to escape blame.
   a. proved   b. distorted   c. established   d. showed

C 빈칸에 들어갈 단어의 알맞은 형태를 고르시오.

1. "My bicycle's missing!" he _____ .
   a. exclaimed   b. exclamation   c. exclamatory

2. He always _____ the way I work.
   a. criticizes   b. criticism   c. criticizable

3. We _____ milk for cream.
   a. substitution   b. substituted   c. substituent

4. The gardens _____ the beauty of the house.
   a. enhanced   b. enhances   c. enhancement

5. He got a ticket because he _____ the speed limit.
   a. violated   b. violation   c. violator

D 다음 주어진 동사를 문맥에 맞게 고치시오.

1. He is still (torment)_____ by nightmares.

2. No one can function properly if they are (deprive)_____
   of adequate sleep.

3. Pollution is (endanger)_____ many different species of animals.

4. Modern men don't set aside enough time to (meditate)_____ .

5. They were (summon)_____ to the bedside of their dying father.

단어공부 16일째

241	**surround** [səráund]	v. 둘러싸다, 에워싸다	▶ surroundings : n. 주위 환경
242	**inhabit** [inhǽbit]	v. 거주하다, 서식하다	
243	**abandon** [əbǽndən]	v. 포기하다, 버리다 (= give up)	
244	**dwell** [dwel]	v. 살다, 거주하다	▶ dweller : n. 거주자
245	**cease** [si:s]	v. 중지하다, 그치다	▶ ceaseless : a. 끊임없는
246	**occupy** [ákjupài]	v. (시간·공간을)차지하다 (= take up); 살다, 거주하다 (= dwell in)	
247	**plead** [pli:d]	v. 간청하다, 탄원하다	
248	**engrave** [ingréiv]	v. 새겨넣다, 새기다 (= carve)	

연습문제 1 | 영어는 우리말로, 우리말은 영어로 써 보세요.

1. engrave _____
2. occupy _____
3. surround _____
4. dwell _____
5. cease _____
6. inhabit _____
7. plead _____
8. abandon _____

1. 거주하다 _____
2. 중지하다 _____
3. 간청하다 _____
4. 둘러싸다 _____
5. 새겨넣다 _____
6. 포기하다 _____
7. 차지하다 _____
8. 살다 _____

연습문제 2 문장에 알맞는 단어를 써 보세요.

1. 미국 대통령은 백악관에 거주한다.
   The President of the U.S. _____ in the White House.

2. 그들은 그녀에게 돌아오라고 간청하고 있었다.
   They were _____ with her to return.

3. 그 섬에는 별난 새들과 동물들이 서식한다.
   The island is _____ by exotic birds and animals.

4. 독서가 그의 여가시간을 차지한다.
   Reading _____ his free time.

5. 그 공장은 장난감 제조를 중단했다.
   The factory has _____ making toys.

6. 잠이 깼을 때 그녀는 이상하게 생긴 난쟁이들에 둘러싸여 있었다.
   When she awoke, she found herself _____ by strange-looking dwarfs.

7. 나는 그림 액자에 내 이름 첫자들을 새겼다.
   I had my initials _____ on the picture frame.

8. 그녀는 차를 버리고 걷기 시작했다.
   She _____ her car and began walking.

연습문제 3 영영풀이에 맞는 단어를 써 보세요.

1. _____ : to give up something entirely; to leave

2. _____ : to be in positions all around someone or something

3. _____ : to stop

4. _____ : to request something urgently; to appeal

5. _____ : to live in an area

6. _____ : to cut or carve words, pictures, or designs in metal, stone, etc.

7. _____ : to fill time, space, etc.

8. _____ : to live

단어공부 16일째

249	**conserve** [kənsə́ːrv]	v. **보존하다, 절약하다**	▶ conservation : n. 보존
250	**ignore** [ignɔ́ːr]	v. **무시하다** (= pay no attention to)	▶ ignorance : n. 무지
251	**emigrate** [émigrèit]	v. **이민가다**	▶ emigration : n. (해외) 이주
252	**immigrate** [íməgrèit]	v. **이민오다**	▶ immigration : n. (국내) 이주
253	**deposit** [dipázit]	v. **예금하다** n. 예금 (액)	
254	**withdraw** [wiðdrɔ́ː]	v. **인출하다**	▶ withdrawal : n. 인출
255	**insult** [ínsʌlt] [insʌ́lt]	v. **모욕하다** n. 모욕	
256	**install** [instɔ́ːl]	v. **설치하다**	▶ installation : n. 설치, 장치

1. deposit	_____	1. 모욕하다	_____
2. emigrate	_____	2. 인출하다	_____
3. ignore	_____	3. 보존하다	_____
4. withdraw	_____	4. 이민오다	_____
5. install	_____	5. 설치하다	_____
6. immigrate	_____	6. 이민가다	_____
7. conserve	_____	7. 무시하다	_____
8. insult	_____	8. 예금하다	_____

연습문제 2 문장에 알맞는 단어를 써 보세요.

1. 19세기에는 많은 유럽인들이 미국으로 이민갔다.

   In the nineteenth century, many Europeans _____ to America.

2. 나는 예금통장에 500달러를 예금했다.

   I _____ five hundred dollars in my savings account.

3. 내가 말을 걸려고 할 때면 언제나 그는 나를 무시해 버린다.

   Whenever I try to talk to him, he _____ me.

4. 전화회사는 우리집에 전화를 설치하기 위해 두 사람을 보냈다.

   The telephone company sent two men to _____ the telephones in our house.

5. 그는 나더러 거짓말쟁이라고 하면서 나를 모욕했다.

   He _____ me by calling me a liar.

6. 우리는 에너지를 절약하려고 자동 온도조절 장치를 내렸다.

   We turned down the thermostat to _____ energy.

7. 많은 한국인들이 미국과 캐나다로 이민왔다.

   Many Koreans _____ to the United States and Canada.

8. 나는 예금통장에서 50달러를 인출했다.

   I _____ fifty dollars from the savings account.

연습문제 3 영영풀이에 맞는 단어를 써 보세요.

1. _____ : to put money into a bank account

2. _____ : to avoid wasting something; to save

3. _____ : to take or move out

4. _____ : to pay no attention to intentionally

5. _____ : to say or do something that makes another person angry or dishonored

6. _____ : to leave one's own country to live in another

7. _____ : to put something in place and make it work; to set up

8. _____ : to come to live in another country

단어공부 17일째

따라하기 단어를 세 번씩 따라 써보세요.

257 **frown** [fraun]	v. 눈살을 찌푸리다, 얼굴을 찡그리다	n. 눈살을 찌푸림, 찌푸린 얼굴	
258 **betray** [bitréi]	v. 배반하다(= sell out)	▶ betrayal : n. 배반	
259 **tolerate** [tálərèit]	v. 참다(= put up with; endure; stand)	▶ tolerant : a. 견딜 수 있는	
260 **correspond** [kɔ̀ːrəspánd]	v. ❶ 일치하다 ❷ 편지 왕래하다	▶ correspondence : n. 일치; 편지 왕래	
261 **consent** [kənsént]	v. 동의하다(= agree)	n. 동의	
262 **perceive** [pərsíːv]	v. 인지하다, 감지하다	▶ perception : n. 인지; 지각	
263 **conceive** [kənsíːv]	v. 생각하다, 상상하다(= imagine)	▶ conception : n. 개념	
264 **derive** [diráiv]	v. ❶ 유래하다 ❷ 얻다(= obtain)	▶ derivation : n. 도출; 유래	

연습문제 1 영어는 우리말로, 우리말은 영어로 써 보세요.

1. tolerate _____	1. 동의하다 _____
2. conceive _____	2. 배반하다 _____
3. consent _____	3. 유래하다; 얻다 _____
4. frown _____	4. 일치하다 _____
5. perceive _____	5. 참다 _____
6. derive _____	6. 인지하다 _____
7. betray _____	7. 눈살을 찌푸리다 _____
8. correspond _____	8. 생각하다 _____

연습문제 2 | 문장에 알맞는 단어를 써 보세요.

1. 상자의 내용물은 라벨의 설명과 일치해야 한다.
   The contents of the box must _____ to the description on the label.

2. 나는 그가 작별인사도 없이 떠나리라는 것은 상상할 수 없다.
   I cannot _____ that he would leave without saying goodbye.

3. 선장은 흉보를 듣고 눈살을 찌푸렸다.
   The captain _____ at the bad news.

4. 나의 부모님들은 내가 혼자 캠핑가는 데 동의하려 하지 않았다.
   My parents would not _____ to my going camping by myself.

5. 많은 영어 단어는 프랑스어에서 유래한다.
   Many English words are _____ from French.

6. 그 스파이는 적에게 기밀을 팔아넘기면서 조국을 배반했다.
   The spy _____ his country by selling secrets to the enemy.

7. 나는 그녀의 태도에 변화가 있음을 감지했다.
   I _____ a change in her attitude.

8. 나는 영화를 보면서 떠드는 사람은 못 참아.
   I can't _____ people who talk during a movie.

연습문제 3 | 영영풀이에 맞는 단어를 써 보세요.

1. _____ : to originate

2. _____ : to agree with; to be similar to

3. _____ : to imagine

4. _____ : to put up with something

5. _____ : to sense something

6. _____ : to sell a country, etc. to the enemy

7. _____ : to agree to something

8. _____ : to look upset or displeased

단어공부 17 일째

265 **discriminate** [diskrímənèit]	v. ❶ 차별하다 ❷ 구별하다	▶ discrimination : n. 차별; 구별
266 **perish** [périʃ]	v. 죽다(= die); 썩다	▶ perishable : a. 상하기 쉬운
267 **rebel** [ribél]	v. 거역[반항]하다 n. 반군, 반항아	▶ rebellion : n. 반란; 반항
268 **modify** [mádəfài]	v. (부분적으로)수정[변경]하다	
269 **offer** [ɔ́ːfər]	v. ❶ 제의하다 ❷ 제공하다 n. 제의; 제공	
270 **contradict** [kàntrədíkt]	v. ❶ 부정하다; 반박하다 ❷ 모순되다	▶ contradiction : n. 반박; 모순
271 **permit** [pəːrmít]	v. 허가[허락]하다 n. 허가증	▶ permission : n. 허가
272 **infect** [infékt]	v. 감염[전염]시키다	▶ infection : n. 감염

연습문제 1 영어는 우리말로, 우리말은 영어로 써 보세요.

1. modify _____

2. perish _____

3. contradict _____

4. rebel _____

5. permit _____

6. discriminate _____

7. infect _____

8. offer _____

1. (부분적으로)수정하다 _____

2. 허가하다 _____

3. 차별하다 _____

4. 제의하다 _____

5. 죽다 _____

6. 감염시키다 _____

7. 거역하다 _____

8. 부정하다 _____

연습문제 2 문장에 알맞는 단어를 써 보세요.

1. 그는 나에게 집까지 태워주겠다고 제의했다.
   He _____ to drive me home.

2. 수많은 사람들이 매년 자동차 사고로 죽는다.
   Too many people _____ in auto accidents each year.

3. 이 건물에서는 흡연이 허용되지 않는다.
   Smoking is not _____ in this building.

4. 인종, 종교, 연령, 성을 이유로 고용주가 사람들을 차별하는 것은 불법이다.
   It is against the law for an employer to _____ against people because of their race, religion, age, or sex.

5. 반 학생들이 거의 모두 독감바이러스에 감염되었다.
   The flu virus _____ almost the entire class.

6. 농민들은 왕의 명령에 거역했다.
   The peasants _____ against the king.

7. 샐리는 전에 한 말을 방금 부정했다.
   Sally just _____ what she said earlier.

8. 그 건축가는 새 집의 설계도를 일부 수정했다.
   The architect _____ the plans for the new house.

연습문제 3 영영풀이에 맞는 단어를 써 보세요.

1. _____ : to allow

2. _____ : to fight against a person or group in power

3. _____ : to give someone a sickness or disease

4. _____ : to express willingness to do something

5. _____ : to die, be killed in a sudden or dramatic manner

6. _____ : to make small changes, often in order to become better

7. _____ : to treat someone unfairly, due to race, sex, etc.

8. _____ : to tell someone what he or she says isn't true

단어공부 18일째

따라하기 단어를 세 번씩 따라 써보세요.

273 illuminate
[ilú:mənèit]

v. 비추다, 조명하다 ▶ illumination : n. 조명

274 pierce
[piərs]

v. 꿰뚫다, 관통하다

275 prescribe
[priskráib]

v. 처방하다 ▶ prescription : n. 처방

276 infer
[infə́:r]

v. 추론[추측]하다 ▶ inference : n. 추론

267 hasten
[héisn]

v. ❶ 서두르다 ❷ 앞당기다 (= speed up)

278 torture
[tɔ́:rtʃər]

v. ❶ 고문하다 ❷ 괴롭히다 n. 고문, 고뇌

279 grumble
[grʌ́mbl]

v. 불평하다, 투덜대다 n. 불평; 푸념

280 ponder
[pándər]

v. 곰곰이 생각하다, 숙고하다 (= think over)

연습문제 1 영어는 우리말로, 우리말은 영어로 써 보세요.

1. ponder		1. 서두르다	
2. torture		2. 불평하다	
3. illuminate		3. 꿰뚫다	
4. grumble		4. 숙고하다	
5. infer		5. 추론하다	
6. hasten		6. 비추다	
7. prescribe		7. 고문하다	
8. pierce		8. 처방하다	

연습문제 2 문장에 알맞는 단어를 써 보세요.

1. 나는 그의 편지에서 그가 여행을 즐기지 못했다는 점을 추측했다

   I _____ from his letter that he hadn't enjoyed his trip.

2. 그녀는 귀걸이를 하려고 귀를 뚫었다

   She _____ her ears for earrings.

3. 정치범들이 정기적으로 고문을 받고 있음이 명백하다.

   It is evident that political prisoners are regularly _____.

4. 그는 한 시간 이상 그가 제의한 일자리에 대해 곰곰이 생각했다.

   He _____ his offer of that job for over an hour.

5. 그 방은 촛불로 밝혀져 있었다.

   The room was _____ by candles.

6. 그는 필요한 것을 모두 갖고 있다. 투덜댈 이유가 전혀 없다.

   He has everything he needs; he has nothing to _____ about.

7. 그 의사는 나의 알레르기 질환에 대해 알약을 처방해주었다.

   The doctor _____ some pills for my allergy.

8. 날이 어두워져 우리는 서둘러 집에 갔다.

   It was getting dark, so we _____ home.

연습문제 3 영영풀이에 맞는 단어를 써 보세요.

1. _____ : to poke through something

2. _____ : to move or act quickly

3. _____ : to think deeply

4. _____ :to complain angrily

5. _____ : to derive a conclusion from facts or logical premises

6. _____ : to give light to

7. _____ : to write an order (prescription) for medication

8. _____ : to cause severe pain to get information or for sheer cruelty

단어공부 18일째

281 **embody** [imbɑ́di]	v. ❶ (구체적으로) **나타내다**　❷ **포함하다**　▶ embodiment : n. 구체화[구현]; 화신
282 **discard** [diskɑ́:rd]	v. **버리다**(= throw away)
283 **migrate** [mɑ́igreit]	v. **이주하다**　▶ migration : n. 이주; 이동　▶ migratory : a. 이주하는
284 **suspend** [səspénd]	v. ❶ (일시)**중단하다**　❷ **매달다**(= hang up)　▶ suspension : n. (일시)중단; 매달기
285 **overwhelm** [ðuvərhwélm]	v. (정신적으로) **압도하다**　▶ overwhelming : a. 압도적인
286 **insert** [ínsə:rt] [-sə́:rt]	v. **삽입하다**　▶ insertion : n. 삽입
287 **entitle** [intáitl]	v. **권리[자격]를 주다**
288 **enrich** [enrítʃ]	v. **풍요[부유]하게 하다**

1. overwhelm	_____	1. (일시)중단하다	_____
2. migrate	_____	2. 삽입하다	_____
3. entitle	_____	3. 이주하다	_____
4. discard	_____	4. (구체적으로)나타내다	_____
5. enrich	_____	5. 풍요하게 하다	_____
6. insert	_____	6. (정신적으로)압도하다	_____
7. embody	_____	7. 버리다	_____
8. suspend	_____	8. 권리를 주다	_____

연습문제 2 문장에 알맞는 단어를 써 보세요.

1. 시 당국은 버스 운행을 일시 중단했다.
   The city _____ bus service.

2. 그는 열쇠를 자물쇠에 넣고 문을 열었다.
   He _____ the key in the lock and opened the door.

3. 우리는 집을 옮길 때 옛날 사진들이 들어 있는 상자들을 버렸다.
   We _____ boxes of old photographs when we moved house.

4. 많은 새들이 가을에 남쪽으로 이동한다.
   Many birds _____ south in the fall.

5. 이 쿠폰으로 당신은 할인받을 권리가 있다.
   This coupon _____ you to a discount.

6. 그 조각에는 조각가의 동물 애호심이 나타나 있다.
   The sculpture _____ the artist's love of animals.

7. 비료는 토양을 풍요하게 한다.
   Fertilizer _____ the soil.

8. 슬픔에 복받쳐 그녀는 울음을 터뜨렸다.
   _____ by grief, she burst into tears.

연습문제 3 영영풀이에 맞는 단어를 써 보세요.

1. _____ : to throw away, dispose of as useless

2. _____ : to allow, authorize

3. _____ : to express, symbolize

4. _____ : to go beyond one's ability to control something

5. _____ : to make rich or richer

6. _____ : to move from one region into another

7. _____ : to put something in something else

8. _____ : to cause to stop for a period of time

단어공부 **19**일째

289	**coincide** [kòuinsáid]	v. ❶ 동시에 일어나다 ❷ 일치하다 ▶ coincidence : n. 동시 발생; 우연의 일치
290	**extinguish** [ikstíŋgwiʃ]	v. 불을 끄다 (= put out)
291	**convert** [kənvə́:rt]	v. 개조하다 ▶ conversion : n. 개조
292	**forecast** [fɔ́:rkæst]	v. 예측하다 [예상하다] n. 예측, 예상
293	**magnify** [mǽgnəfài]	v. ❶ 확대하다 ❷ 과장하다 (= exaggerate)
294	**subscribe** [səbskráib]	v. 정기구독하다; 서명하다 ▶ subscription : n. 정기구독
295	**prosper** [práspər]	v. 번영 [번창] 하다 (= flourish) ▶ prosperous : a. 번영하는
296	**circulate** [sə́:rkjulèit]	v. 순환하다 ▶ circulation : n. 순환

1. forecast		1. 정기구독하다	
2. prosper		2. 예측하다	
3. extinguish		3. 동시에 일어나다	
4. magnify		4. 순환하다	
5. circulate		5. 불을 끄다	
6. coincide		6. 번영하다	
7. subscribe		7. 개조하다	
8. convert		8. 확대하다	

연습문제 2 | 문장에 알맞는 단어를 써 보세요.

1. 나는 월간 잡지를 몇 권 정기구독 한다.

   I _____ to several monthly magazines.

2. 건축가들은 그 집을 음식점으로 개조했다.

   Architects _____ the house into a restaurant.

3. 돈은 주인이 바뀌면서 순환한다.

   Money _____ as it goes from person to person.

4. 정치상황에 대한 자신의 지식을 이용하여 그는 선거 결과를 예측했다.

   Using his knowledge of the political situation, he _____ the election result.

5. 야영자들은 그들이 피운 불을 껐다.

   The campers _____ their fire.

6. 그들 생일은 같은 날이다.

   Their birthdays _____.

7. 그의 사업은 번창하고 있다.

   His business is _____ .

8. 이 렌즈는 물체를 10배로 확대한다.

   This lens _____ an object to ten times its size.

연습문제 3 | 영영풀이에 맞는 단어를 써 보세요.

1. _____ : to pay money for a certain number of issues of a publication

2. _____ : to predict; to calculate in advance

3. _____ : to pass around

4. _____ : to change the condition or status of something

5. _____ : two or more things happen unexpectedly at the same time

6. _____ : to flourish

7. _____ : to make something look larger than its real size

8. _____ : to put out

단어공부 19일째

297 **exaggerate**
[igzǽdʒərèit]
v. 과장하다 ▶ exaggeration : n. 과장
_____ _____

298 **vanish**
[vǽniʃ]
v. 사라지다 (= disappear)
_____ _____

299 **prohibit**
[prouhíbit]
v. (법·규정 등으로)금지하다 ▶ prohibition : n. 금지(령)
_____ _____

300 **inquire**
[inkwáiər]
v. 문의하다 (= ask) ▶ inquiry : n. 문의
_____ _____

301 **prevail**
[privéil]
v. ❶ 이기다 ❷ 만연하다 ▶ prevalent : a. 널리 퍼진
_____ _____

302 **confirm**
[kənfə́ːrm]
v. 확인하다 ▶ confirmation : n. 확신
_____ _____

303 **encourage**
[inkə́ːridʒ]
v. 격려하다, 용기를 북돋다 (↔discourage)
_____ _____

304 **stimulate**
[stímjəlèit]
v. 자극하다 ▶ stimulus : n. 자극
_____ _____

연습문제 1 영어는 우리말로, 우리말은 영어로 써 보세요.

1. inquire _____
2. confirm _____
3. vanish _____
4. prevail _____
5. prohibit _____
6. stimulate _____
7. exaggerate _____
8. encourage _____

1. 이기다 _____
2. (법)금지하다 _____
3. 격려하다 _____
4. 과장하다 _____
5. 자극하다 _____
6. 사라지다 _____
7. 확인하다 _____
8. 문의하다 _____

연습문제 2 | 문장에 알맞는 단어를 써 보세요.

1. 내가 호텔에 전화해서 우리의 예약을 확인해 보겠어.
   I'll call the hotel to _____ our reservations.

2. 그는 늘 문제의 어려움을 과장한다.
   He always _____ the difficulties of a problem.

3. 이 책은 독자들의 상상력을 자극한다.
   This book _____ readers' imagination.

4. 진리는 승리한다.
   Truth will _____.

5. 그 비행기는 구름 속으로 사라졌다.
   The airplane _____ into the clouds.

6. 칭찬이 그 소녀의 용기를 북돋아주어 학교공부를 더 잘하게 되었다.
   Praise _____ her to do better in school.

7. 고용주들이 노조원들을 차별하는 것은 법으로 금지되어 있다.
   Laws _____ employers from discriminating against union members.

8. 학생들은 자신들의 점수에 대해 문의했다.
   The students _____ about their grades.

연습문제 3 | 영영풀이에 맞는 단어를 써 보세요.

1. _____ : to ask someone for information

2. _____ : to make sure something is right by checking it again

3. _____ : to disappear

4. _____ : to increase energy or activity

5. _____ : to win, triumph

6. _____ : to give courage to

7. _____ : to say something is better, worse, etc., than it really is

8. _____ : to ban by order or law

단어공부 20일째

305 **flatter** [flǽtər]	v. 비위 맞추다, 알랑거리다 ▶ flattery : n 아첨		
306 **transform** [trænsfɔ́ːrm]	v. 일변시키다 ▶ transformation : n. 변형, 변화		
307 **guarantee** [gæ̀rəntíː]	v. 보증하다 n. 보증, 보증서		
308 **dominate** [dάmənèit]	v. 지배하다 ▶ dominant : a. 지배적인		
309 **organize** [ɔ́ːrgənàiz]	v. 조직하다, 체계화 하다 ▶ organization : n. 조직; 단체		
310 **diminish** [dimíniʃ]	v. 줄이다, 축소하다 (= reduce)		
311 **ensure** [inʃúər]	v. 책임지다, 확실하게 하다		
312 **imply** [implái]	v. 암시하다 (= hint), 뜻하다 (= mean) ▶ implication : n. 함축; 암시		

연습문제 1 영어는 우리말로, 우리말은 영어로 써 보세요.

1. guarantee _____
2. ensure _____
3. flatter _____
4. diminish _____
5. dominate _____
6. transform _____
7. imply _____
8. organize _____

1. 일변시키다 _____
2. 암시하다 _____
3. 조직하다 _____
4. 지배하다 _____
5. 책임지다 _____
6. 비위 맞추다 _____
7. 줄이다 _____
8. 보증하다 _____

연습문제 2 문장에 알맞는 단어를 써 보세요.

1. 극심한 가뭄으로 그 도시의 물 공급량이 줄었다.
   A severe drought _____ the city's water supply.

2. 지난 20년에 걸쳐 한국은 개도국에서 선진 공업 강국으로 변모했다.
   In the last 20 years Korea has been _____ from a developing country into an advanced industrial power.

3. 대영제국은 19세기에 세계의 약 4분의 1을 지배했다.
   Great Britain _____ about one-fourth of the world in the 19th century.

4. 올바른 식사는 건강을 책임지는 데 도움된다.
   Proper diet helps _____ good health.

5. 그는 찬사를 늘어놓으며 그녀의 비위를 맞췄다.
   He _____ her with many compliments.

6. 당신은 내가 지금 헛소리를 하고 있다는 뜻입니까?
   Are you _____ that I don't know what I'm talking about?

7. 그 자동차 회사는 모든 차의 품질을 보증한다.
   The manufacturer _____ the superiority of every car it makes.

8. 말하기 전에 당신의 생각을 체계화 하라.
   _____ your thoughts before speaking.

연습문제 3 영영풀이에 맞는 단어를 써 보세요.

1. _____ : to control by the use of power

2. _____ : to lessen in number

3. _____ : to change from one shape or appearance to another

4. _____ : to arrange information, work, etc. so that it works correctly

5. _____ : to make sure or certain

6. _____ : to compliment someone usu. in order to win favor

7. _____ : to promise or assure warranty

8. _____ : to indicate or suggest only indirectly

단어공부 20일째

따라하기 단어를 세 번씩 따라 써보세요.

313	**omit** [əmít]	v. 빠뜨리다, 생략하다 (= leave out)	▶ omission : n. 생략
314	**revive** [riváiv]	v. 소생하다, 소생시키다	▶ revival : n. 소생; 부활
315	**donate** [dóuneit]	v. 기증[기부]하다	▶ donor : n. 기증자 ▶ donation : n. 기증; 기부
316	**inherit** [inhérit]	v. ❶ 상속하다 ❷ (유전으로) 이어받다	▶ inheritance : n. 상속; 유산
317	**transfer** [trǽnsfəːr] [-fə́ːr]	v. ❶ 옮기다 ❷ 갈아타다 n. 이동; 환승(권)	
318	**active** [ǽktiv]	a. 능동적인, 활동적인	
319	**passive** [pǽsiv]	a. 수동적인, 활발하지 않은	
320	**fit** [fit]	a. ❶ 적합한, 알맞은 (= suitable) ❷ 건강한 (= healthy)	

연습문제 1 영어는 우리말로, 우리말은 영어로 써 보세요.

1. inherit _____
2. transfer _____
3. omit _____
4. passive _____
5. donate _____
6. fit _____
7. revive _____
8. active _____

1. 능동적인 _____
2. 소생하다 _____
3. 적합한 _____
4. 상속하다 _____
5. 수동적인 _____
6. 빠뜨리다 _____
7. 기증하다 _____
8. 옮기다 _____

연습문제 2 | 문장에 알맞는 단어를 써 보세요.

1. 그는 수동적인 역할을 했고 나머지 사람들이 바라는 대로 그저 따라가기만 했다.
   He played a _____ role and just went along with what the others wanted.

2. 우리는 이 집을 부모로부터 상속받았다.
   We _____ this house from our parents.

3. 명단에 그들의 이름이 빠지지 않도록 하라.
   Be sure not to _____ their names from the list.

4. 그의 할아버지는 아직도 매우 활동적이다.
   His grandfather is still very _____.

5. 이 더러운 물은 마시기에 적합하지 않다.
   This dirty water is not _____ to drink.

6. 시든 초목들이 비를 맞고 소생했다.
   The withered plants _____ in the rain.

7. 그녀는 다른 학교로 전학했다.
   She has _____ to another school.

8. 우리는 이 옷들을 수재민들에게 기증하려고 한다.
   We are going to _____ these clothes to the flood victims.

연습문제 3 | 영영풀이에 맞는 단어를 써 보세요.

1. _____ : to move from one place, vehicle, etc. to another

2. _____ : to give without charge, usually as charity

3. _____ : to be the right size or shape for; to be scuitable for

4. _____ : accepting without resistance

5. _____ : to return to a healthy and lively state

6. _____ : busy doing things; energetic

7. _____ : to leave out, not include

8. _____ : to receive after one dies

단어 test 16~20일

occupies correspond betrayed deposited derived

1. Reading _____ his free time.

2. I _____ five hundred dollars in my savings account.

3. The contents of the box must _____ to the description on the label.

4. Many English words are _____ from French.

5. The spy _____ his country by selling secrets to the enemy.

1. The flu virus _____ almost the entire class.
   a. polluted   b. corrupted   c. affected   d. infected

2. He has everything he needs; he has nothing to _____ about.
   a. object   b. lament   c. regret   d. grumble

3. The doctor _____ some pills for my allergy.
   a. required   b. demanded   c. ruled   d. prescribed

4. The sculpture _____ the artist's love of animals.
   a. includes   b. combines   c. collects   d. embodies

5. Fertilizer _____ the soil.
   a. developes   b. refines   c. enriches   d. heightens

C 빈칸에 들어갈 단어의 알맞은 형태를 고르시오.

1. Whenever I try to talk to him, he _____ me.
   a. ignorant   b. ignorance   c. ignores

2. We turned down the thermostat to _____ energy.
   a. conservative   b. conserve   c. conservation

3. I can't _____ people who talk during a movie.
   a. tolerate   b. tolerant   c. tolerance

4. Sally just _____ what she said earlier.
   a. contradicted   b. contradiction   c. contradictive

5. Money _____ as it goes from person to person.
   a. circulates   b. circular   c. circulation

D 다음 주어진 동사를 문맥에 맞게 고치시오.

1. They were (plead)_____ with her to return.

2. The island is (inhabit)_____ by exotic birds and animals.

3. The factory has (cease)_____ making toys.

4. When she awoke, she found herself (surround)_____ by strange-
   looking dwarfs.

5. I had my initials (engrave)_____ on the picture frame.

단어공부 21일째

따라하기 단어를 세 번씩 따라 써보세요.

321	**accustomed** [əkʌ́stəmd]	a. **익숙한**(= used to)		
322	**scary** [skéəri]	a. **무서운, 겁나는**(= frightening)		
323	**diverse** [divə́ːrs] [dai-]	a. **다양한**(= varied)	▶ diversity : n. 다양성(=variety)	
324	**humble** [hʌ́mbl]	a. ❶ **겸손한**(= modest)	❷ **보잘것없는, 초라한**	
325	**fragile** [frǽdʒəl]	a. **깨지기 쉬운, 취약한**	▶ fragility : n. 취약성	
326	**lean** [liːn]	a. **야윈, 마른**(→fat)		
327	**dense** [dens]	a. **빽빽한, 밀집한**	▶ density : n. 밀집, 조밀	
328	**infamous** [ínfəməs]	a. **악명 높은**(= notorious)		

연습문제 1 영어는 우리말로, 우리말은 영어로 써 보세요.

1. fragile _____
2. scary _____
3. dense _____
4. accustomed _____
5. infamous _____
6. humble _____
7. diverse _____
8. lean _____

1. 겸손한 _____
2. 야윈 _____
3. 다양한 _____
4. 악명 높은 _____
5. 익숙한 _____
6. 빽빽한 _____
7. 무서운 _____
8. 깨지기 쉬운 _____

연습문제 2 | 문장에 알맞은 단어를 써 보세요.

1. 저 겸손한 사람은 정말로 대 과학자이다.
   That _____ man is a really a great scientist.

2. 군중들이 너무 밀집해 있어 나는 좀처럼 움직일 수 없었다.
   The crowd was so _____ that I could hardly move.

3. 크고 낡은 집에서 혼자 있는 것이 무서웠다.
   It was _____ to be all alone in the big old house.

4. 그 꽃병을 조심해. 깨지기 쉬우니까.
   Be careful with that vase. It's very _____.

5. 그 학생은 키 크고 야위었다.
   The student was tall and _____.

6. 이 반 학생들의 출신 배경은 다양하다.
   The students in the class come from _____ backgrounds.

7. 농부들은 매일 장시간 일하는 데 익숙해 있다.
   Farmers are _____ to working long days.

8. 그는 악행으로 악명높다.
   He is _____ for his evil deeds.

연습문제 3 | 영영풀이에 맞는 단어를 써 보세요.

1. _____ : frightening

2. _____ : modest; meek

3. _____ : used to

4. _____ : thin; meager

5. _____ : varied, different from each other

6. _____ : famous because of something bad

7. _____ : easily broken

8. _____ : crowded; thick

단어공부 21일째

329	**moist** [mɔist]	a. 축축한, 습한 (= wet, damp)	▶ moisture : n. 습기
330	**numb** [nʌm]	a. 감각이 없는, 마비된　v. (손발의)감각을 죽이다	
331	**sultry** [sʌ́ltri]	a. 무더운 (= sweltering), 푹푹 찌는	
332	**corrupt** [kərʌ́pt]	a. 부패한, 타락한　v. 부패[타락]하다	▶ corruption : n. 부패, 타락
333	**exotic** [igzátik]	a. 이국풍의, 외국산의	
334	**reverse** [rivə́ːrs]	a. 반대의, 역으로 된　n. 정반대, 역	
335	**steep** [stiːp]	a. 가파른	
336	**serene** [səríːn]	a. 조용한 (= calm), 평온한 (= peaceful)	▶ serenity : n. 고요, 평온

연습문제 1　영어는 우리말로, 우리말은 영어로 써 보세요.

1. exotic	_____	1. 가파른	_____
2. reverse	_____	2. 부패한	_____
3. moist	_____	3. 감각이 없는	_____
4. steep	_____	4. 조용한	_____
5. sultry	_____	5. 이국풍의	_____
6. numb	_____	6. 축축한	_____
7. serene	_____	7. 반대의	_____
8. corrupt	_____	8. 무더운	_____

연습문제 2 문장에 알맞는 단어를 써 보세요.

1. 그 부패한 시장은 재선되지 못했다.
   The ＿＿＿＿＿＿＿ mayor was not reelected.

2. 그 스키어의 얼굴은 추위로 감각이 없었다.
   The skier's face was ＿＿＿＿＿＿＿ with cold.

3. 나무들이 잔잔한 호수에 비추어졌다.
   The woods were reflected in the ＿＿＿＿＿＿＿ lake.

4. 그것은 그가 생각하고 있는 것과는 정반대이다.
   It is just the ＿＿＿＿＿＿＿ of what he thinks.

5. 그는 젖은 스폰지로 테이블을 닦아냈다.
   He wiped off the table with a ＿＿＿＿＿＿＿ sponge.

6. 나는 가파른 언덕 위로 차를 몰고 싶지 않다.
   I don't like to drive up a ＿＿＿＿＿＿＿ hill.

7. 무더운 7월의 오후였다.
   It was a ＿＿＿＿＿＿＿ July afternoon.

8. 이 이국풍의 식물들은 하와이산(産)이다.
   These ＿＿＿＿＿＿＿ plants come from Hawaii.

연습문제 3 영영풀이에 맞는 단어를 써 보세요.

1. ＿＿＿＿＿＿＿ : very calm, peaceful

2. ＿＿＿＿＿＿＿ : backwards; opposite

3. ＿＿＿＿＿＿＿ : dishonest

4. ＿＿＿＿＿＿＿ : having a sharp slope or incline

5. ＿＿＿＿＿＿＿ : slightly wet

6. ＿＿＿＿＿＿＿ : (of the weather) hot and humid

7. ＿＿＿＿＿＿＿ : unusual and attractive, esp. from other countries

8. ＿＿＿＿＿＿＿ : without feeling

단어공부 22일째

337 **converse** [kənvə́:rs]	a. 거꾸로 된, 반대의 (= reverse)	▶ conversely : ad. 역으로, 반대로
338 **modest** [mɑ́dist]	a. ❶ 겸손한 (= humble) ❷ 적당한	▶ modesty : n. 겸손
339 **rotten** [rɑ́tn]	a. ❶ 부패한 (= decayed) ❷ 불쾌한 (= unpleasant)	
340 **distinct** [distíŋkt]	a. ❶ 별개의, 다른 (= different) ❷ 또렷한 (= clear), 명료한	
341 **distinctive** [distíŋktiv]	a. 독특한, 특유한	
342 **moderate** [mɑ́dərət]	a. 적당한, 적정한	
343 **obstinate** [ɑ́bstənət]	a. 고집센, 완고한 (= stubborn)	
344 **superficial** [sùːpərfíʃəl]	a. 피상적인	

연습문제 1 | 영어는 우리말로, 우리말은 영어로 써 보세요.

1. superficial _____
2. distinct _____
3. modest _____
4. obstinate _____
5. distinctive _____
6. rotten _____
7. converse _____
8. moderate _____

1. 독특한 _____
2. 고집센 _____
3. 부패한 _____
4. 피상적인 _____
5. 거꾸로 된 _____
6. 적당한 _____
7. 겸손한 _____
8. 별개의 _____

연습문제 2 문장에 알맞는 단어를 써 보세요.

1. 그의 걸음걸이는 독특해서 나는 멀리서 그를 발견했다.
   I spotted him from a distance because he has a _____ walk.

2. 부패한 음식은 상해서 먹을 수 없다.
   Food that is _____ has gone bad and cannot be eaten.

3. 자기가 잘못임을 알 때도 테드는 너무 고집이 세서 잘못을 시인하지 않는다.
   Even when he knows he's wrong, Ted is too _____ to admit it.

4. 명예를 얻었어도 그 과학자는 여전히 겸손했다.
   Despite the honors he received, the scientist remained a _____ man.

5. 그녀는 경제학을 단지 피상적으로 알 뿐이다.
   She has only a _____ understanding of economics.

6. 역이 반드시 참은 아니다.
   The _____ is not always true.

7. 봉투들은 3개의 다른 더미로 분류되었다.
   The envelopes were sorted into three _____ piles.

8. 그 곳에서는 맛있는 음식을 적정가격에 즐길 수 있다.
   You can enjoy good food at _____ prices there.

연습문제 3 영영풀이에 맞는 단어를 써 보세요.

1. _____ : opposite

2. _____ : not extreme

3. _____ : not boastful or proud

4. _____ : refusing to cooperate

5. _____ : clearly different; separate

6. _____ : characteristic; distinguishing

7. _____ : on the surface only, not deep

8. _____ : decayed; corrupt

단어공부 22일째

345	**numerous** [njúːmərəs]	a. **많은**(= many)
346	**imaginative** [imǽdʒənətiv]	a. **상상력이 풍부한**(= creative)
347	**imaginary** [imǽdʒənèri]	a. **가공의**(= not real), **가상의**
348	**subjective** [səbdʒéktiv]	a. **주관적인**(↔ objective)
349	**scarce** [skέərs]	a. **부족한** ▶ scarcity : n. 부족
350	**rational** [rǽʃənl]	a. ❶ **이성적인**(↔ emotional) ❷ **합리적인**(= reasonable)
351	**desolate** [dézələt] [désə-]	a. **외로운, 쓸쓸한**(= solitary)
352	**sullen** [sʌ́lən]	a. **시무룩한, 골난**

연습문제 1 | 영어는 우리말로, 우리말은 영어로 써 보세요.

1. imaginary _____
2. numerous _____
3. rational _____
4. desolate _____
5. subjective _____
6. imaginative _____
7. sullen _____
8. scarce _____

1. 이성적인 _____
2. 주관적인 _____
3. 가공의 _____
4. 시무룩한 _____
5. 많은 _____
6. 부족한 _____
7. 상상력이 풍부한 _____
8. 외로운 _____

연습문제 2 | 문장에 알맞는 단어를 써 보세요.

1. 톰은 매우 상상력이 풍부한 컴퓨터 프로그래머이다.
   Tom is a highly _____ computer programmer.

2. 그가 가버렸을 때 그녀는 쓸쓸한 기분이 들었다.
   She felt _____ when he went away.

3. 당신의 주관적인 견해를 객관적인 사실에 기초해라.
   Base your _____ opinions on objective facts.

4. 많은 사람들이 이 영화를 봤다.
   _____ people have seen this motion picture.

5. 소년은 꾸지람을 듣고 시무룩했다.
   The boy was _____ after being scolded.

6. 이 책의 모든 등장인물들은 가공 인물들이다.
   All the characters in this book are _____.

7. 전시에는 식량이 매우 부족하다.
   Food is very _____ during a war.

8. 인간은 반드시 이성적인 존재는 아니다.
   Man is not always a _____ being.

연습문제 3 | 영영풀이에 맞는 단어를 써 보세요.

1. _____ : not available or plentiful

2. _____ : not real

3. _____ : able to reason clearly

4. _____ : lonely and sad

5. _____ : related to personal feeling and opinion, rather than facts

6. _____ : having or showing imagination; creative

7. _____ : showing irritation or resentment by being silent and withdrawn

8. _____ : many

단어공부 23일째

따라하기 단어를 세 번씩 따라 써보세요.

353	**thorough** [θə́:rou]	a. 철저한, 완전한		
354	**positive** [pázətiv]	a. 적극적인, 긍정적인(↔negative)		
355	**moral** [mɔ́:rəl]	a. 도덕의, 도덕적인(↔immoral)		
356	**fatal** [féitl]	a. 치명적인 ▶ fate : n. 운명		
357	**temporary** [témpərèri]	a. ❶ 일시적인 ❷ 임시의		
358	**permanent** [pə́:rmənənt]	a. 영구적인, 영원한		
359	**infinite** [ínfənət]	a. 무한한(↔finite)		
360	**internal** [íntə:rnl] [-tə́:r-]	a. 내부의(↔external), 체내의		

연습문제 1 영어는 우리말로, 우리말은 영어로 써 보세요.

1. temporary _____
2. positive _____
3. internal _____
4. fatal _____
5. thorough _____
6. infinite _____
7. moral _____
8. permanent _____

1. 치명적인 _____
2. 무한한 _____
3. 일시적인 _____
4. 철저한 _____
5. 내부의 _____
6. 적극적인 _____
7. 영구적인 _____
8. 도덕의 _____

연습문제 2 문장에 알맞는 단어를 써 보세요.

1. 그는 귀가중에 치명적인 사고를 당했다.
   He had a _____ accident on his way home.

2. 위성은 지구 궤도를 영원히 돈다.
   The satellite is in _____ orbit around the earth.

3. 나는 내 방을 철저히 치웠다.
   I gave my room a _____ cleaning.

4. 우리는 우리의 능력껏 할 수는 있지만 우리의 자원은 무한하지 않다.
   We do what we can, but our resources are not _____.

5. 우리 모두에게 필요한 것은 긍정적인 사고이다!
   What we all need is some _____ thinking!

6. 그 운전자는 사고를 당해 내장에 부상을 입었다.
   The driver received _____ injuries in the accident.

7. 세계의 다른 사람들은 굶주릴 때 음식을 낭비하는 것은 도덕적인 일일까?
   Is it _____ to waste food when others in the world are starving?

8. 우리는 차 수리를 위해 잠시 멈췄다가 계속 갔다.
   We made a _____ stop for repairs and then drove on.

연습문제 3 영영풀이에 맞는 단어를 써 보세요.

1. _____ : passing, impermanent

2. _____ : going on forever, limitless

3. _____ : causing death

4. _____ : optimistic, hopeful

5. _____ : lasting for a very long time or for all time

6. _____ : existing or happening inside something

7. _____ : concerning what is right or wrong in someone's actions

8. _____ : complete

단어공부 23일째

361 **frequent** [fríːkwənt]	a. 빈번한 ▶ frequency : n. 빈발; 주파수
	_____ _____
362 **fundamental** [fʌndəméntl]	a. 기본[근본]적인(= basic) n. 근본
	_____ _____
363 **tremendous** [triméndəs]	a. ❶ 엄청난(= enormous) ❷ 아주 멋있는(= wonderful)
	_____ _____ _____
364 **effective** [iféktiv]	a. ❶ 효과적인(↔ineffective) ❷ 유효한
	_____ _____
365 **momentary** [móuməntèri]	a. 순간적인, 일시적인(↔lasting)
	_____ _____
366 **momentous** [mouméntəs]	a. 중대한
	_____ _____
367 **selfish** [sélfiʃ]	a. 이기적인(↔unselfish)
	_____ _____
368 **peculiar** [pikjúːljər]	a. ❶ 별난, 이상한(= odd, unusual) ❷ 고유한(= unique)
	_____ _____

1. momentous _____	1. 기본적인 _____
2. tremendous _____	2. 중대한 _____
3. momentary _____	3. 빈번한 _____
4. selfish _____	4. 별난; 고유한 _____
5. effective _____	5. 순간적인 _____
6. frequent _____	6. 엄청난 _____
7. peculiar _____	7. 이기적인 _____
8. fundamental _____	8. 효과적인 _____

연습문제 2 문장에 알맞는 단어를 써 보세요.

1. 달착륙은 인류 역사상 중대한 사건이었다.
   Landing on the moon was a _____ event in human history.

2. 어떤 게임이든 규칙을 아는 것이 기본적인 부분이다.
   Learning the rules is a _____ part of any game.

3. 폭풍우가 잠시 잠잠했다가 다시 폭우가 내렸다.
   There was a _____ lull in the storm and then it rained heavily again.

4. 몇 가지 신약이 중병 치료에 효과가 있음이 입증되었다.
   Several new drugs proved to be _____ in treating serious diseases.

5. 나는 치과에 자주 갔다.
   I made _____ visits to the dentist.

6. 그 노인은 자면서 중얼거리는 별난 버릇이 있다.
   The old man has a _____ habit of talking in his sleep.

7. 이기적인 사람들은 좀처럼 진정한 친구를 갖지 못한다.
   _____ people seldom have really good friends.

8. 유성은 엄청난 속도로 떨어진다.
   A meteor falls with _____ speed.

연습문제 3 영영풀이에 맞는 단어를 써 보세요.

1. _____ : concerned with oneself more than others, not sharing

2. _____ : working well; getting the result you want

3. _____ : often

4. _____ : odd, strange

5. _____ : basic, primary

6. _____ : huge, vast

7. _____ : greatly significant, very important

8. _____ : continuing for a very short time

단어공부 24일째

| 따라하기 | 단어를 세 번씩 따라 써보세요. |

369 **spacious**
[spéiʃəs]
a. 널찍한 (= roomy)

370 **comparable**
[kɑmpɛ́rəbl]
a. 필적하는, 견줄만한

371 **sensible**
[sénsəbl]
a. 분별 있는, 현명한 (↔foolish) ▶ sensibility : n. 감각, 감성

372 **sensitive**
[sénsətiv]
a. 민감한, 신경 과민한 (↔insensitive) ▶ sensitivity : 민감: 감수성

373 **monotonous**
[mənátənəs]
a. 단조로운 (= boring, dull)

374 **slight**
[slait]
a. (양·정도가) 적은, 얼마 안되는

375 **intense**
[inténs]
a. 격렬한, 강렬한 ▶ intensity : n. 격렬, 강렬

376 **trivial**
[tríviəl]
a. 사소한, 하찮은 (= insignificant)

| 연습문제 1 | 영어는 우리말로, 우리말은 영어로 써 보세요. |

1. intense _____
2. sensitive _____
3. monotonous _____
4. spacious _____
5. sensible _____
6. comparable _____
7. trivial _____
8. slight _____

1. (양)적은 _____
2. 널찍한 _____
3. 격렬한 _____
4. 필적하는 _____
5. 민감한 _____
6. 사소한 _____
7. 단조로운 _____
8. 분별 있는 _____

연습문제 2 문장에 알맞는 단어를 써 보세요.

1. 목사의 단조로운 목소리에 그들은 잠이 들었다.
   The preacher's _____ voice put them to sleep.

2. 줄리는 현명한 소녀이다. 그녀는 어리석은 짓은 안 한다.
   Julie is a _____ girl. She doesn't do anything foolish.

3. 이야기를 할 때는 사소한 세부사항은 생략해라.
   When you tell a story, leave out the _____ details.

4. 새 집에서 아이들은 널찍한 침실이 주어졌다.
   The children were given a _____ bedroom in the new house.

5. 나는 갑자기 왼쪽 옆구리에 강한 통증을 느꼈다.
   I suddenly felt an _____ pain in my left side.

6. 다이아몬드에 견줄만한 보석은 없다.
   There is no jewel _____ with [to] a diamond.

7. 우리의 재정상태가 약간 나아졌다.
   There's been a _____ improvement in our financial situation.

8. 눈은 빛에 민감하다.
   The eye is _____ to light.

연습문제 3 영영풀이에 맞는 단어를 써 보세요.

1. _____ : able to be compared with someone or something else

2. _____ : a little bit

3. _____ : having or showing the ability to make sound judgements

4. _____ : very strong; extremely serious

5. _____ : easily offended or emotionally upset

6. _____ : unimportant

7. _____ : large, with plenty of room

8. _____ : very boring and repetitive

단어공부 24일째

377	**potential** [pəténʃəl]	a. 잠재적인, 가능성 있는 n. 잠재능력
378	**indispensable** [ìndispénsəbəl]	a. 불가결한, 필수의(= essential)
379	**inevitable** [inévətəbl]	a. 피할 수 없는, 필연적인(= unavoidable)
380	**brilliant** [bríljənt]	a. ❶ 찬란한, 눈부신 ❷ 뛰어난
381	**indifferent** [indífərənt]	a. 무관심한, 냉담한 ▶ indifference : n. 무관심
382	**supreme** [suprí:m]	a. 최고의
383	**marvelous** [má:rvələs]	a. ❶ 놀라운 ❷ 멋진, 훌륭한(= excellent) ▶ marvel : n. 불가사의 한 일; 경이
384	**alternate** [ɔ́:ltərnət]	a. 하나 건너(= every other) v. [ɔ́:ltərneit] 번갈아 일어나다, 교대하다

연습문제 1 영어는 우리말로, 우리말은 영어로 써 보세요.

1. indifferent	_____
2. potential	_____
3. marvelous	_____
4. inevitable	_____
5. alternate	_____
6. brilliant	_____
7. indispensable	_____
8. supreme	_____

1. 피할 수 없는	_____
2. 놀라운	_____
3. 무관심한	_____
4. 불가결한	_____
5. 하나 건너	_____
6. 최고의	_____
7. 잠재적인	_____
8. 찬란한	_____

연습문제 2 문장에 알맞는 단어를 써 보세요.

1. 그는 그들의 도움 간청에 무관심했다.
   He was ____________ to their plea for help.

2. 요즘 서울에서는 어디든 교통 체증을 피할 수 없는 것 같다.
   These days traffic delays seem ____________ everywhere in Seoul.

3. 교육을 받으면 그녀의 잠재능력이 개발될 것이다.
   Education will develop her ____________ abilities.

4. 그의 책은 미지의 땅을 향한 놀라운 여행 이야기를 말해준다.
   His book tells the story of ____________ journeys to unknown lands.

5. 그는 한 줄씩 건너가며 쓴다.
   He writes in ____________ lines.

6. 의사가 되려면 좋은 교육이 불가결하다.
   A good education is ____________ to becoming a doctor.

7. 많은 사람들이 그를 당대 최고 예술가로 여긴다.
   Many regard him as the ____________ artist of his day.

8. 다이아몬드는 눈부신 빛으로 빛났다.
   The diamond shone with a ____________ light.

연습문제 3 영영풀이에 맞는 단어를 써 보세요.

1. ____________ : not caring, without feeling
2. ____________ : necessary, essential
3. ____________ : of the highest quality
4. ____________ : sure to happen
5. ____________ : wonderful, excellent
6. ____________ : extremely bright
7. ____________ : every second one
8. ____________ : possible

단어공부 25일째

따라하기 단어를 세 번씩 따라 써보세요.

385	**magnificent** [mægnífəsnt]	a. ❶ 장대한[장엄한] ❷ 멋진, 기막힌
386	**unanimous** [juːnǽnəməs]	a. 전원 일치의, 만장 일치의
387	**maximum** [mǽksəməm]	a. 최대한의(↔minimum) n. 최대한
388	**contemporary** [kəntémpərèri]	a. ❶ 동시대의 ❷ 현대의 n. 동시대인
389	**annual** [ǽnjuəl]	a. 연간의; 매년 열리는(= yearly)
390	**arrogant** [ǽrəgənt]	a. 교만한, 거만한 ▶ arrogance : n. 교만, 거만
391	**excessive** [iksésiv]	a. 과도한(↔moderate), 지나친
392	**invaluable** [invǽljuəbl]	a. 매우 귀중한(= priceless)

연습문제 1 영어는 우리말로, 우리말은 영어로 써 보세요.

1. magnificent _____
2. annual _____
3. invaluable _____
4. maximum _____
5. excessive _____
6. contemporary _____
7. unanimous _____
8. arrogant _____

1. 교만한 _____
2. 동시대의 _____
3. 장대한 _____
4. 과도한 _____
5. 만장 일치의 _____
6. 매우 귀중한 _____
7. 최대한의 _____
8. 연간의 _____

연습문제 2 문장에 알맞는 단어를 써 보세요.

1. 우리의 연간 강우량은 예년보다 더 많았다.
   Our _____ rainfall was higher than usual.

2. 과도한 지출은 파산을 가져올 수도 있다.
   _____ spending can lead to bankruptcy.

3. 그녀는 만장 일치의 표결로 클럽 회장으로 선출되었다.
   She was elected club president by a _____ vote.

4. 언덕 위의 집에서는 계곡의 웅대한 광경을 볼 수 있다.
   The house on the top of the hill has a _____ view of the valley.

5. 미 독립혁명과 프랑스혁명은 동시대 사건이었다.
   The American Revolution and the French Revolution were _____ events.

6. 그 박물관에는 매우 귀중한 보석들이 많이 소장되어 있다.
   The museum has many _____ jewels.

7. 그는 최대 속력으로 달렸다.
   He drove at the _____ speed.

8. 그녀의 행동 방식은 매우 교만하다.
   She is very _____ in the way she behaves.

연습문제 3 영영풀이에 맞는 단어를 써 보세요.

1. _____ : completely in agreement

2. _____ : self-important

3. _____ : greatest, highest

4. _____ : more than is needed

5. _____ : belonging to the same time as someone or something else

6. _____ : extremely valuable, worth a great deal

7. _____ : occurring every year

8. _____ : very beautiful or impressive

단어공부 25일째

따라하기 | 단어를 세 번씩 따라 써보세요.

393	**enormous** [inɔ́:rməs]	a. 거대한(= huge), 엄청난(= immense)	
394	**subtle** [sʌ́tl]	a. 미묘한(= delicate)	
395	**efficient** [ifíʃənt]	a. 능률[효율]적인(↔ inefficient) ▶ efficiency : n. 능률, 효율	
396	**eternal** [itə́:rnl]	a. 영원한 ▶ eternity : n. 영원	
397	**profound** [prəfáund]	a. 깊은, 심오한	
398	**minute** [mainjú:t]	a. 미세한(= tiny)	
399	**alert** [ələ́:rt]	a. 방심하지 않는, 조심하는 n. 경계; 경보	
400	**threadbare** [θrédbɛ̀ər]	a. (의복이) 낡은(= worn out), 해진	

연습문제 1 | 영어는 우리말로, 우리말은 영어로 써 보세요.

1. eternal	_____	1. 깊은, 심오한	_____
2. threadbare	_____	2. 미묘한	_____
3. subtle	_____	3. 조심하는	_____
4. minute	_____	4. 능률적인	_____
5. enormous	_____	5. (의복이) 낡은	_____
6. alert	_____	6. 미세한	_____
7. efficient	_____	7. 영원한	_____
8. profound	_____	8. 거대한	_____

연습문제 2 문장에 알맞는 단어를 써 보세요.

1. 그것들은 비슷해 보이지만 그들 사이에는 미묘한 차이가 있다.
   They look similar, but there are _____ differences between them.

2. 그 발견들은 의학의 많은 부문에 깊은 영향을 미쳤다.
   The discoveries had a _____ effect on many areas of medicine.

3. 그는 다 떨어진 코트에다 낡은 구두를 신고 있었다.
   He was wearing a _____ coat and old shoes.

4. 그는 더욱 능률적인 작업방식을 개발하는 데 전념했다.
   He devoted himself to developing more _____ ways of working.

5. 모범 운전자는 항상 조심해야 한다.
   A good driver must always be _____.

6. 그 거대한 건물은 100층이 넘는다.
   The _____ building is over 100 stories high.

7. 미세한 먼지가 내 눈에 들어왔다.
   A _____ piece of dust blew into my eye.

8. 자연법은 영원하다.
   The laws of nature are _____.

연습문제 3 영영풀이에 맞는 단어를 써 보세요.

1. _____ : great; serious

2. _____ : very big

3. _____ : not easy to sense, not obvious

4. _____ : very small, tiny

5. _____ : aware; bright

6. _____ : able to produce the desired results

7. _____ : (of clothes) so much worn out that the threads are seen

8. _____ : lasting forever; timeless

단어 test 21~25일

A 알맞은 단어를 골라서 쓰시오.

fragile	numb	dense	rotten	infamous

1. The crowd was so _____ that I could hardly move.

2. Be careful with that vase. It's very _____.

3. He is _____ for his evil deeds.

4. The skier's face was _____ with cold.

5. Food that is _____ has gone bad and cannot be eaten.

B 빈칸에 들어갈 알맞은 단어를 고르시오.

1. Even when he knows he's wrong, Ted is too _____ to admit it.
   a. compliant   b. obedient   c. obstinate   d. innocent

2. Base your _____ opinions on objective facts.
   a. open-minded   b. real   c. subjective   d. impartial

3. Food is very _____ during a war.
   a. plentiful   b. abundant   c. common   d. scarce

4. He devoted himself to developing more _____ ways of working.
   a. incompetent   b. weak   c. wasteful   d. efficient

5. The preacher's _____ voice put them to sleep.
   a. interesting   b. exciting   c. attractive   d. monotonous

C 빈칸에 들어갈 단어의 알맞은 형태를 고르시오.

1. The children were given a _____ bedroom in the new house.
   a. space   b. spacious   c. spacial

2. There is no jewel _____ with [to] a diamond.
   a. compare   b. comparable   c. comparison

3. She is very _____ in the way she behaves.
   a. arrogant   b. arrogance   c. arrogation

4. The laws of nature are _____.
   a. eternal   b. eternity   c. eternalize

5. The students in the class come from _____ backgrounds.
   a. diverse   b. diversity   c. diversify

D 다음 주어진 단어를 문맥에 맞게 고치시오.

1. Tom is a highly (imagination)_____ computer programmer.

2. Man is not always a (ration)_____ being.

3. The (corruption)_____ mayor was not reelected.

4. Is it (morality)_____ to waste food when others in the world are starving?

5. Several new drugs proved to be (effect)_____ in treating serious diseases.

단어공부 26일째

401	**sociable** [sóuʃəbl]	a. 사교적인(↔unsociable)
402	**eminent** [émənənt]	a. 저명한, 탁월한 ▶ eminence : n. 저명; 탁월
403	**acute** [ækjuːt] [əkjúːt]	a. ❶ (통증이) 심한(= sharp) ❷ 심각한(= serious)
404	**greasy** [gríːsi] [-zi]	a. ❶ 기름 투성이의 ❷ 기름진(= oily) ▶ grease : n. 수지, 지방
405	**courteous** [kə́ːrtiəs]	a. 공손한(= polite)(↔discourteous) ▶ courtesy : n. 공손, 정중
406	**legible** [lédʒəbl]	a. (필적 등이) 읽기 쉬운, 명료한(↔illegible)
407	**portable** [pɔ́ːrtəbl]	a. 휴대용의 n. 휴대용(기구)
408	**desirable** [dizáiərəbl]	a. 바람직한

연습문제 1 | 영어는 우리말로, 우리말은 영어로 써 보세요.

1. eminent _____
2. courteous _____
3. portable _____
4. greasy _____
5. desirable _____
6. sociable _____
7. legible _____
8. acute _____

1. (필적 등이) 읽기 쉬운 _____
2. 사교적인 _____
3. 공손한 _____
4. 휴대용의 _____
5. (통증이) 심한 _____
6. 저명한 _____
7. 바람직한 _____
8. 기름 투성이의 _____

연습문제 2 | 문장에 알맞는 단어를 써 보세요.

1. 그 편지는 물에 젖어 더 이상 읽을 수 없었다.
   The letter had gotten wet and was no longer _____.

2. 차를 수리한 후 그 기계공의 작업복은 기름 투성이였다.
   The mechanic's uniform was _____ after he repaired the car.

3. 저명한 외과의사가 그 환자를 수술했다.
   An _____ surgeon operated on the patient.

4. 휴대용 컴퓨터는 이동이 자유롭다.
   A _____ computer can be moved from place to place.

5. 그는 사교적인 사람이라 파티에 가기를 즐긴다.
   He is a _____ person and likes to go to parties.

6. 이 일에는 당신이 컴퓨터를 아는 것이 바람직하다.
   It is _____ for you to be computer-literate for this job.

7. 너무 멀리 조깅을 해서 옆구리에 심한 통증을 느꼈다.
   I got an _____ pain in my side from jogging too far.

8. 그녀는 공손히 나를 위해 열린 문을 붙잡고 있었다.
   She was _____ and held the door open for me.

연습문제 3 | 영영풀이에 맞는 단어를 써 보세요.

1. _____ : wished for, recommendable, advisable

2. _____ : covered in oil

3. _____ : friendly, liking to be with other people

4. _____ : having good manners, polite

5. _____ : widely recognized as important

6. _____ :capable of being read, clear

7. _____ : very serious or severe

8. _____ : movable; capable of being carried or moved around

단어공부 26일째

따라하기 | 단어를 세 번씩 따라 써보세요.

409 **easygoing** [íːzigóuiŋ]	a. (태도가)느긋한 (= carefree)
410 **appropriate** [əpróupriət]	a. 적당한 (= suitable, proper) v. [əpróuprieit] 도용하다; 유용하다
411 **extinct** [ikstíŋkt]	a. 멸종된 ▶ extinction : n. 멸종
412 **polar** [póulər]	a. 극지의
413 **specific** [spisífik]	a. ❶ 명확한, 구체적인 ❷ 특정한
414 **obese** [oubíːs]	a. 지나치게 뚱뚱한 (= very fat) ▶ obesity : n. 비만
415 **elastic** [ilǽstik]	a. 탄력 있는
416 **deserted** [dizə́ːrtid]	a. 인적이 없는

연습문제 1 | 영어는 우리말로, 우리말은 영어로 써 보세요.

1. deserted _____
2. easygoing _____
3. obese _____
4. extinct _____
5. specific _____
6. elastic _____
7. appropriate _____
8. polar _____

1. 명확한 _____
2. 탄력 있는 _____
3. 극지의 _____
4. 적당한 _____
5. 지나치게 뚱뚱한 _____
6. 인적이 없는 _____
7. 멸종된 _____
8. (태도가)느긋한 _____

연습문제 2 문장에 알맞는 단어를 써 보세요.

1. 도도새는 300년 전에 멸종되었다.
   The dodo bird has been ＿＿＿＿＿＿ for 300 years.

2. 해변은 낮에 붐비지만 밤에는 인적이 없다.
   The beaches are crowded in the day but ＿＿＿＿＿＿ at night.

3. 그는 호의적이고 느긋한 형의 사람이다.
   He is a friendly, ＿＿＿＿＿＿ type of man.

4. 그 탐험가는 극지 원정대를 많이 이끌었다.
   That explorer has led many ＿＿＿＿＿＿ expeditions.

5. 고무 밴드는 탄력이 있어 늘릴 수 있다.
   You can stretch a rubber band; it's ＿＿＿＿＿＿ .

6. 청바지는 격식 차리는 파티에는 적당치 않다.
   Blue jeans are not ＿＿＿＿＿＿ for a formal party.

7. 비만한 사람은 심장병에 걸릴 위험이 더 높다.
   ＿＿＿＿＿＿ people are more at risk from heart disease.

8. 좀더 구체적으로 말해주시겠습니까?
   Can you be a bit more ＿＿＿＿＿＿ ?

연습문제 3 영영풀이에 맞는 단어를 써 보세요.

1. ＿＿＿＿＿＿ : related to a pole, esp. the earth's North or South Pole

2. ＿＿＿＿＿＿ : capable of being stretched

3. ＿＿＿＿＿＿ : detailed and exact

4. ＿＿＿＿＿＿ : relaxed, unhurried

5. ＿＿＿＿＿＿ : very fat, extremely overweight

6. ＿＿＿＿＿＿ : correct or suitable

7. ＿＿＿＿＿＿ : having no one present

8. ＿＿＿＿＿＿ : no longer existing

따라하기 | 단어를 세 번씩 따라 써보세요.

417	**liberal** [líbərəl]	a. ❶ 진보적인, 자유로운 ❷ 후한, 아끼지 않는 (= generous)
418	**crude** [kru:d]	a. 천연 그대로의, 가공하지 않은
419	**virtual** [və́:rtʃuəl]	a. ❶ 사실상의 ❷ 가상의
420	**spellbound** [spélbàund]	a. 매혹된, 홀린 (= fascinated) ▶ spellbind : v. 매혹하다
421	**favorable** [féivərəbl]	a. ❶ 호의적인 ❷ 좋은, 유리한
422	**cautious** [kɔ́:ʃəs]	a. 조심하는, 주의 깊은 ▶ caution : n. 조심; 경고
423	**stale** [steil]	a. 신선하지 않은
424	**ingenious** [indʒí:njəs]	a. 독창적인, 발명의 재능이 있는 ▶ ingenuity : n. 독창력

연습문제 1 | 영어는 우리말로, 우리말은 영어로 써 보세요.

1. stale _____
2. virtual _____
3. cautious _____
4. crude _____
5. spellbound _____
6. ingenious _____
7. liberal _____
8. favorable _____

1. 독창적인 _____
2. 매혹된 _____
3. 진보적인 _____
4. 신선하지 않은 _____
5. 사실상의 _____
6. 호의적인 _____
7. 천연 그대로의 _____
8. 조심하는 _____

연습문제 2　　문장에 알맞는 단어를 써 보세요.

1. 원유는 유정에서부터 송유관을 통해 정유소로 보내진다.
   _____ oil is piped from wells to refineries.

2. 관객들은 그녀의 연주에 매혹되었다.
   The audience was _____ by her performance.

3. 케이크가 이미 상했다.
   The cake has turned _____ already.

4. 그는 다양한 사회문제에 대해 진보적인 태도를 취한다.
   He has a _____ attitude to various social issues.

5. 운전할 때는 늘 조심해라.
   Always be _____ when you drive.

6. 마구잡이 사냥으로 인해 들소들이 사실상 멸종되었다.
   Uncontrolled hunting led to the _____ extinction of the buffalo.

7. 그는 그 문제에 대한 독창적인 해결안을 생각해 냈다.
   He has come up with an _____ solution to the problem.

8. 그 영화에 대한 평은 매우 호의적이었다.
   The reviews of the movie were very _____.

연습문제 3　　영영풀이에 맞는 단어를 써 보세요.

1. _____ : nearly, almost but not quite

2. _____ : not fresh or new

3. _____ : extremely interested, fascinated

4. _____ : very clever and original

5. _____ : favorable to progress or reform

6. _____ : approving, positive

7. _____ : rough, unfinished

8. _____ : careful

단어공부 27일째

425	**outstanding** [àutstǽndiŋ]	a. 눈에 띄는, 뛰어난		
426	**consistent** [kənsístənt]	❶ 일치하는 ❷ 변함없는	▶ consistency : n. 일치; 일관성	
427	**swift** [swift]	a. 재빠른, 신속한		
428	**recipe** [résəpìː]	n. 조리법, 제조법		
429	**stuffy** [stʌ́fi]	a. 숨막히는, 답답한		
430	**instructive** [instrʌ́ktiv]	a. 교육[교훈]적인		
431	**customary** [kʌ́stəmèri]	a. 관례적인, 통상적인(= usual)		
432	**transparent** [trænspɛ́ərənt]	a. 투명한	▶ transparency : n. 투명(성)	

1. instructive	_____		1. 재빠른	_____
2. outstanding	_____		2. 숨막히는	_____
3. swift	_____		3. 관례적인	_____
4. stuffy	_____		4. 눈에 띄는	_____
5. customary	_____		5. 투명한	_____
6. consistent	_____		6. 조리법	_____
7. transparent	_____		7. 일치하는	_____
8. recipe	_____		8. 교육적인	_____

연습문제 2 | 문장에 알맞는 단어를 써 보세요.

1. 우리는 빨리 결정을 내려야 한다.
   We need to make a _____ decision.

2. 세계 일주는 교육적인 경험이 된다.
   A trip around the world is an _____ experience.

3. 리스트는 당대의 뛰어난 피아니스트 겸 작곡가였다.
   Liszt was an _____ pianist-composer of his time.

4. 이 방은 답답해요. 창문을 여세요.
   This room is _____; please open the window.

5. 물이 너무도 투명해서 나는 고기들을 또렷이 볼 수 있었다.
   The water was so _____ that I could see the fish clearly.

6. 사고에 관한 그들의 말은 실제와 일치하지 않는다.
   Their account of the accident is not _____ with what really happened.

7. 여기에 팁으로 1달러짜리 지폐를 놓는 것이 관례이다.
   It is _____ to leave a one-dollar bill here for a tip.

8. 이 쿠키 만드는 법을 알려주시겠어요?
   Can I have the _____ for these cookies?

연습문제 3 | 영영풀이에 맞는 단어를 써 보세요.

1. _____ : quick, rapid

2. _____ : expected and traditional way to behave

3. _____ : directions for cooking food

4. _____ : allowing light to pass through so images can be clearly seen

5. _____ : without fresh air

6. _____ : excellent, extraordinary

7. _____ : with useful information; educational

8. _____ : in accord with

단어공부 28일째

따라하기 단어를 세 번씩 따라 써보세요.

433 **faulty**
[fɔ́ːlti]

a. 결점[결함]이 있는 (= defective)

_____ _____ _____

434 **hoarse**
[hɔːrs]

a. 목이 쉰

_____ _____ _____

435 **apparent**
[əpǽrənt]

a. 분명한, 명백한 (= obvious, evident)

_____ _____ _____

436 **suspicious**
[səspíʃəs]

a. ❶ 의심하는 ❷ 수상한 ▶ suspicion : n. 의심

_____ _____ _____

437 **appetite**
[ǽpətàit]

n. 식욕

_____ _____ _____

438 **clue**
[kluː]

n. 실마리, 단서

_____ _____ _____

439 **protein**
[próutiːn]

n. 단백질

_____ _____ _____

440 **remarkable**
[rimáːrkəbəl]

a. 놀랄 만한, 주목할 만한

_____ _____ _____

연습문제 1 영어는 우리말로, 우리말은 영어로 써 보세요.

1. appetite _____
2. hoarse _____
3. protein _____
4. apparent _____
5. faulty _____
6. remarkable _____
7. clue _____
8. suspicious _____

1. 실마리 _____
2. 목이 쉰 _____
3. 놀랄 만한 _____
4. 결점이 있는 _____
5. 의심하는 _____
6. 단백질 _____
7. 분명한 _____
8. 식욕 _____

연습문제 2 문장에 알맞는 단어를 써 보세요.

1. 운동을 해서 그녀는 식욕이 왕성했다.
   Exercise gave her a strong _____.

2. 그가 더이상 그들에 의존할 수 없음이 점점 더 명백해져 갔다.
   It was becoming increasingly _____ that he could no longer depend on them.

3. 그 아이는 놀랄 만한 기억력을 갖고 있다.
   The child has a _____ memory.

4. 사고의 원인은 브레이크 결함으로 판명되었다.
   _____ brakes proved to be the cause of the accident.

5. 수수께끼를 풀 수 있는 실마리를 하나 더 주겠다.
   I'll give you one more _____ to the riddle.

6. 그는 경기에서(응원을 하느라) 소리를 질러 목이 쉬었다.
   He was _____ after all the shouting he did at the game.

7. 고기, 우유, 치즈, 계란과 생선은 단백질원이다.
   Meat, milk, cheese, eggs and fish are sources of _____.

8. 그는 우리의 의도를 의심하는 것 같았다.
   He seemed to be _____ of our intentions.

연습문제 3 영영풀이에 맞는 단어를 써 보세요.

1. _____ : something that helps find the answer to a problem

2. _____ : clear, obvious

3. _____ : substance found in meat or fish and used by an animal's body

4. _____ : showing doubt, distrustful

5. _____ : worthy of attention, noticeable

6. _____ : not working properly

7. _____ : desire and capacity for food, drink, or pleasure

8. _____ : having a scratchy, husky voice caused by overuse or a virus

단어공부 28일째

441	**fossil** [fásl]	n. 화석
442	**nutrient** [nú:triənt]	n. 영양소, 영양분 ▶ nutrition : n. 영양 ▶ nutritional : a. 영양에 관한
443	**theft** [θeft]	n. 절도 ▶ thief : n. 도둑
444	**oath** [ouθ]	n. 서약, 선서
445	**era** [íərə]	n. 시대
446	**epoch** [í:pɔk] [épək]	n. 신기원, 신시대
447	**gene** [dʒi:n]	n. 유전자 ▶ genetic : a. 유전자의
448	**heredity** [hərédəti]	n. 유전 ▶ hereditary : a. 유전적인

연습문제 1   영어는 우리말로, 우리말은 영어로 써 보세요.

1. heredity _____
2. nutrient _____
3. epoch _____
4. theft _____
5. gene _____
6. fossil _____
7. era _____
8. oath _____

1. 서약 _____
2. 화석 _____
3. 유전 _____
4. 신기원 _____
5. 영양소 _____
6. 유전자 _____
7. 절도 _____
8. 시대 _____

연습문제 2 문장에 알맞는 단어를 써 보세요.

1. 기독교 시대는 예수 탄생 때부터 비롯된다.
   The Christian _____ is dated from the birth of Jesus.

2. 사람의 머리카락 색깔은 유전으로 결정된다.
   The color of a person's hair is determined by _____.

3. 단백질, 광물질 및 비타민은 영양소들이다.
   Proteins, minerals, and vitamins are _____.

4. 증기기관의 발명은 산업 발달의 신기원을 열었다.
   The invention of the steam engine marked an _____ in the evolution of industry.

5. 석탄, 석유 및 천연가스는 화석연료이다.
   Coal, petroleum, and natural gas are _____ fuels.

6. 나는 모든 규정에 따르겠다고 서약했다.
   I took an _____ that I would obey all regulations.

7. 그 차를 훔친 사람은 절도죄로 체포되었다.
   The person who stole the car was arrested for _____.

8. 사람의 머리와 눈의 색깔은 유전자에 의해 결정되는 특징이다.
   Hair and eye color in human beings are characteristics controlled by _____.

연습문제 3 영영풀이에 맞는 단어를 써 보세요.

1. _____ : things in food that help people, animals, and plants live and grow

2. _____ : a period in geologic time or in history with a special character

3. _____ : the act of stealing

4. _____ : the basic part of a living cell that contains parental traits

5. _____ : an official promise to loyalty, honesty, etc.

6. _____ : passing of genes and traits from parents to children

7. _____ : bones buried in rock

8. _____ : a time period with a general character

127

따라하기 | 단어를 세 번씩 따라 써보세요.

449	**vapor** [véipər]	n. 증기 ▶ evaporate : v. 증발하다
450	**sequence** [síːkwəns]	n. ❶ 연속 (= series) ❷ 순서 (= order)
451	**detail** [díːteil]	n. 세부 사항, 세목 v. 상술하다
452	**aptitude** [æptətjùːd]	n. 적성, 소질
453	**expedition** [èkspədíʃən]	n. 원정(대), 탐험(대)
454	**famine** [fǽmin]	n. 기근
455	**instinct** [ínstiŋkt]	n. 본능 ▶ instinctive : a. 본능적인
456	**panic** [pǽnik]	n. 공포; 공황 v. 공포에 사로 잡히다

연습문제 1 | 영어는 우리말로, 우리말은 영어로 써 보세요.

1. panic _____

2. sequence _____

3. famine _____

4. vapor _____

5. detail _____

6. expedition _____

7. instinct _____

8. aptitude _____

1. 증기 _____

2. 기근 _____

3. 적성 _____

4. 본능 _____

5. 연속 _____

6. 공포 _____

7. 세부 사항 _____

8. 원정(대) _____

29일째
449 - 456

연습문제 2 문장에 알맞는 단어를 써 보세요.

1. 그 소년은 그림에 소질이 있는 것 같다.
   The boy seems to have an _____ for painting.

2. 생존 본능을 죽일 수 있는 것은 아무것도 없다.
   Nothing can destroy the _____ to survive.

3. 일련의 사건들이 전쟁을 야기했다.
   The _____ of events led up to the war.

4. 매년 수백만이 기근으로 죽는다.
   Each year millions die in the _____ .

5. 우리에게 당신의 세부 계획을 말하세요.
   Tell us the _____ of your plans.

6. 과학자들은 알래스카 지역의 동물들을 연구하기 위해 그 곳으로 원정을 갔다.
   The scientists made an _____ to Alaska to study the animals in the area.

7. 물은 가열하면 증기가 된다.
   Water changes into _____ when heated.

8. 극장에 불이 나자 공포심이 관중들 사이로 퍼졌다.
   When the theater caught fire, _____ spread through the crowd.

연습문제 3 영영풀이에 맞는 단어를 써 보세요.

1. _____ : a gas

2. _____ : a journey usu. made by a group organized and equipped for a special purpose

3. _____ : the order things happened in

4. _____ : a serious lack of food

5. _____ : a small part of something; a small piece of information

6. _____ : a natural, unlearned behavior or ability

7. _____ : capacity for or to be good at doing something

8. _____ : a condition of uncontrolled fear in response to danger

457	**reservoir** [rézərvwàːr]	n. 저수지		
458	**despair** [dispέər]	n. 절망, 자포자기 v. 절망[단념]하다		
459	**equipment** [ikwípmənt]	n. 장비, 설비, 용구		
460	**hazard** [hǽzərd]	n. 위험 (= danger)		
461	**impulse** [ímpʌls]	n. 충동 ▶ impulsive : a. 충동적인		
462	**territory** [térətɔ̀ːri]	n. 영토 ▶ territorial : a. 영토의		
463	**weapon** [wépən]	n. 무기 (= arms)		
464	**avalanche** [ǽvəlæ̀ntʃ]	n. (눈·토사 등의) 사태		

1. hazard _____
2. territory _____
3. avalanche _____
4. despair _____
5. impulse _____
6. weapon _____
7. equipment _____
8. reservoir _____

1. 위험 _____
2. 무기 _____
3. 저수지 _____
4. (눈)사태 _____
5. 장비 _____
6. 영토 _____
7. 절망 _____
8. 충동 _____

연습문제 2 문장에 알맞는 단어를 써 보세요.

1. 빙판길은 운전자들에게 위험하다.
   Icy roads are a _____ to drivers.

2. 이 도시의 물은 대부분 이 저수지로부터 공급된다.
   Most of the city's water comes from this _____.

3. 그 비행기는 적 영토 상공에서 격추되었다.
   The plane was shot down over enemy _____.

4. 스키어 3명이 눈사태로 죽었다.
   Three skiers were killed in an _____ .

5. 그는 어머니가 돌아가셨을 때 절망했다.
   He was in _____ when his mother died.

6. 그들은 무기를 소지하라는 명령을 받았다.
   They were told to carry _____ .

7. 그들은 텐트, 침낭 그리고 기타 캠핑 장비를 샀다.
   They bought a tent, sleeping bags, and other camping _____.

8. 그는 그 새 컴퓨터를 사고 싶은 충동을 억제할 수 없었다.
   He felt an irresistible _____ to buy the new computer.

연습문제 3 영영풀이에 맞는 단어를 써 보세요.

1. _____ : a sudden urge, whim

2. _____ : a body of water saved for use

3. _____ : an area of land that belongs to and is protected by a country

4. _____ : sadness without hope of relief

5. _____ : anything used to fight or protect injury

6. _____ : things, tools or machines needed for a purpose or activity

7. _____ : a sudden falling of snow or rocks a hill or mountain

8. _____ : things that could cause an accident

단어공부 30일째

따라하기 | 단어를 세 번씩 따라 써보세요.

465	**privilege** [prívəlidʒ]	n. 특권, 특전		
466	**situation** [sìtʃuéiʃən]	n. 상태, 사정		
467	**authority** [əθɔ́ːrəti]	n. 권위[권한]; 권위자	▶ the authorities : 관계당국	
468	**bias** [báiəs]	n. 편견(= prejudice)	▶ biased : a. 편견을 지닌	
469	**expense** [ikspéns]	n. 비용		
470	**majority** [mədʒɔ́ːrəti]	n. 대부분, 대다수		
471	**minority** [mainɔ́ːrəti]	n. 소수		
472	**currency** [kə́ːrənsi]	n. 통화, 화폐		

연습문제 1 | 영어는 우리말로, 우리말은 영어로 써 보세요.

1. situation _____
2. majority _____
3. privilege _____
4. bias _____
5. currency _____
6. authority _____
7. minority _____
8. expense _____

1. 권위; 권위자 _____
2. 비용 _____
3. 상태, 사정 _____
4. 소수 _____
5. 특권, 특전 _____
6. 통화, 화폐 _____
7. 대부분 _____
8. 편견 _____

연습문제 2 문장에 알맞는 단어를 써 보세요.

1. 요즘 젊은이들은 권위를 존중하지 않는 경향이 있다.
   Young people tend to have no respect for _____ these days.

2. 대다수의 사람들이 그 계획에 동의한다.
   The _____ of people agree with the plan.

3. 클럽의 회원만이 풀에서 수영할 수 있는 특권이 있다.
   Only members of the club have the _____ of swimming in the pool.

4. 우리는 유럽여행 비용을 감당할 여유가 없다.
   We can't afford the _____ of a trip to Europe.

5. 차가 고장났을 때 우리는 어려운 상황에 놓였다.
   We found ourselves in a difficult _____ when our car broke down.

6. 오직 소수 학생만이 그 생각에 반대했다.
   Only a small _____ of students are opposed to the idea.

7. 훌륭한 판사는 재판중에 결코 편견을 보이지 않는다.
   A good judge never shows _____ during a trial.

8. 이곳에서는 한국 돈이 폭넓게 쓰인다.
   Korean _____ is widely used here.

연습문제 3 영영풀이에 맞는 단어를 써 보세요.

1. _____ : prejudice

2. _____ : the money used to pay for goods and services in a country

3. _____ : a special right or honor

4. _____ : a cost, price

5. _____ : the way things are at a certain time, the state of what's happening

6. _____ : the greater number; more than half

7. _____ : right or power to influence and control others

8. _____ : the smaller number; less than half

단어공부 30일째

따라하기 | 단어를 세 번씩 따라 써보세요.

473	**altitude** [ǽltətùːd]	n. 고도
474	**board** [bɔːrd]	n. 식사 (= meals)
475	**alien** [éiliən]	n. 외국인, 이방인, 외계인
476	**carbohydrate** [kàːrbouháidreit]	n. 탄수화물
477	**counsel** [káunsl]	n. 조언 (= advice) ▶ counselor : n. 지도교사
478	**contest** [kántest]	n. 경쟁, 대회 v. 경쟁하다
479	**emergency** [imə́ːrdʒənsi]	n. 비상[긴급]사태
480	**ornament** [ɔ́ːrnəmənt]	n. 장식품

연습문제 1 | 영어는 우리말로, 우리말은 영어로 써 보세요.

1. board _____
2. counsel _____
3. alien _____
4. emergency _____
5. altitude _____
6. ornament _____
7. carbohydrate _____
8. contest _____

1. 외국인, 외계인 _____
2. 경쟁 _____
3. 고도 _____
4. 장식품 _____
5. 조언 _____
6. 식사 _____
7. 비상사태 _____
8. 탄수화물 _____

연습문제 2 문장에 알맞은 단어를 써 보세요.

1. 그 학교는 자원 보존에 관한 최우수 논문쓰기 대회를 열었다.
   The school held a _____ for the best essay on conservation.

2. 나는 숙식비로 월 500달러를 낸다.
   I pay $500 a month for room and _____.

3. 비상시에는 의사의 집으로 연락할 수 있다.
   In case of an _____, the doctor can be reached at home.

4. 현재 비행기는 고도 3만피트로 비행하고 있다.
   The plane is now flying at an _____ of 30,000 feet.

5. 당신은 탄수화물 섭취를 줄이는 게 좋겠습니다.
   You should cut down on _____.

6. 보석류와 꽃병들은 장식품이다.
   Jewelry and vases are _____.

7. 그 영화는 지구를 장악하려는 외계인들에 대한 것이었다.
   The movie was about _____ that tried to take over the earth.

8. 나는 당신의 조언 없이는 그 팀에 입단하지 않겠다.
   I won't join the team without your _____.

연습문제 3 영영풀이에 맞는 단어를 써 보세요.

1. _____ : an unexpected and dangerous situation demanding quick action

2. _____ : any of a group of nutrients, such as sugar and starch, that provide the body with energy

3. _____ : something that is decorative rather than useful

4. _____ : distance above sea level

5. _____ : advice, given by older people or experts

6. _____ : meals

7. _____ : a competition to see who is the best at something

8. _____ : a creature that comes from another planet

단어 test 25~30일

> portable   elastic   legible   deserted   transparent

1. The letter had gotten wet and was no longer _____ .

2. A _____ computer can be moved from place to place.

3. The beaches are crowded in the day but _____ at night.

4. You can stretch a rubber band; it's _____ .

5. The water was so _____ that I could see the fish clearly.

B 빈칸에 들어갈 알맞은 단어를 고르시오.

1. It is _____ to leave a one-dollar bill here for a tip.
   a. unusual   b. legal   c. customary   d. unusual

2. Can I have the _____ for these cookies?
   a. method   b. ingredients   c. recipe   d. separation

3. The invention of the steam engine marked an _____ in the evolution of industry.
   a. start   b. epoch   c. era   d. beginning

4. Hair and eye color in human beings are characteristics controlled by _____ .
   a. trait   b. genes   c. feature   d. quality

5. When the theater caught fire, _____ spread through the crowd.
   a. importance   b. panic   c. habit   d. practice

C 빈칸에 들어갈 단어의 알맞은 형태를 고르시오.

1. He was in _____ when his mother died.
   a. desperate   b. desperately   c. despair

2. The _____ of people agree with the plan.
   a. major   b. majority   c. majoritarian

3. We can't afford the _____ of a trip to Europe.
   a. expense   b. expensive   c. expend

4. Korean _____ is widely used here.
   a. current   b. currently   c. currency

5. In case of an _____, the doctor can be reached at home.
   a. emergent   b. emergently   c. emergency

D 다음 주어진 단어를 문맥에 맞게 고치시오.

1. It is (desire)_____ for you to be computer-literate for this job.

2. That explorer has led many (pole)_____ expeditions.

3. Always be (caution)_____ when you drive.

4. The reviews of the movie were very (favor)_____.

5. (fault)_____ brakes proved to be the cause of the accident.

특목고 · 내신 대비 어휘 정복 프로젝트!!

Top
Vocabulary

Workbook

중급
Level 3

WorldCom ELT

학년   반   이름 _____

1 **nerve** _____

2 **soul** _____

3 **faith** _____

4 **reputation** _____

5 **welfare** _____

6 **prosperity** _____

7 **temper** _____

8 **fancy** _____

9 **myth** _____

10 **biography** _____

11 **astronomy** _____

12 **sphere** _____

13 **orbit** _____

14 **landscape** _____

15 **origin** _____

16 **evolution** _____

1 복지 _____

2 번영 _____

3 정신, 혼 _____

4 공상 _____

5 신뢰; 신앙 _____

6 성질; 화 _____

7 명성; 평판 _____

8 신경; 용기 _____

9 궤도 _____

10 일대기 _____

11 풍경, 경치 _____

12 신화 _____

13 기원; 유래 _____

14 천문학 _____

15 진화 _____

16 구(球), 구체 _____

학년   반   이름 _____

1 **barometer** _____	9 **harvest** _____
2 **mischief** _____	10 **blossom** _____
3 **device** _____	11 **ape** _____
4 **fault** _____	12 **fur** _____
5 **attitude** _____	13 **mold** _____
6 **ambition** _____	14 **worm** _____
7 **poetry** _____	15 **mosquito** _____
8 **suburb** _____	16 **progress** _____

1 (기계)장치 _____	9 모피(제품) _____
2 야망, 포부 _____	10 모기 _____
3 기압계; 지표 _____	11 수확 _____
4 교외 _____	12 곰팡이 _____
5 장난 _____	13 원숭이 _____
6 (집합적)시 _____	14 (과수의)꽃 _____
7 결점; 잘못 _____	15 전진, 진보 _____
8 태도 _____	16 지렁이 _____

Score /32

학년   반   이름

1 evidence _____
2 conflict _____
3 profession _____
4 agriculture _____
5 environment _____
6 temptation _____
7 function _____
8 obstacle _____

9 consequence _____
10 destiny _____
11 proverb _____
12 comedy _____
13 tragedy _____
14 chaos _____
15 companion _____
16 motive _____

1 농업 _____
2 유혹; 유혹물 _____
3 충돌, 대립 _____
4 장애물 _____
5 전문직; 직업 _____
6 기능 _____
7 환경 _____
8 증거 _____

9 운명, 숙명 _____
10 친구, 동료 _____
11 희극 _____
12 동기 _____
13 혼돈, 무질서 _____
14 결과 _____
15 속담, 격언 _____
16 비극 _____

Score /32

학년   반   이름 _____

1 **nomad** _____

2 **adversity** _____

3 **trend** _____

4 **ceremony** _____

5 **meteorite** _____

6 **contract** _____

7 **foundation** _____

8 **passion** _____

9 **zeal** _____

10 **friction** _____

11 **tension** _____

12 **status** _____

13 **statistics** _____

14 **metropolis** _____

15 **funeral** _____

16 **ecology** _____

---

1 역경 _____

2 계약; 계약하다 _____

3 의식, 식 _____

4 열정, 격정 _____

5 경향, 추세 _____

6 유목민 _____

7 토대; 창설 _____

8 운석 _____

9 지위 _____

10 대도시 _____

11 열심, 열의 _____

12 장례식 _____

13 마찰 _____

14 통계(수치) _____

15 생태계 _____

16 긴장, 불안 _____

학년   반   이름

1 **anniversary** _____

2 **superstition** _____

3 **penalty** _____

4 **portrait** _____

5 **particle** _____

6 **vogue** _____

7 **expert** _____

8 **plague** _____

9 **summary** _____

10 **trial** _____

11 **ritual** _____

12 **prey** _____

13 **charity** _____

14 **fraction** _____

15 **empire** _____

16 **mission** _____

1 전문가 _____

2 미신 _____

3 전염병 _____

4 초상, 초상화 _____

5 기념일 _____

6 극소량 _____

7 벌 _____

8 유행 _____

9 요약 _____

10 소량; 분수 _____

11 (육식 동물의) 먹이 _____

12 사명, 임무 _____

13 자선; 자선단체 _____

14 제국 _____

15 의식 _____

16 재판; 시험 _____

학년   반   이름 _____

1 **masterpiece** _____

2 **interval** _____

3 **emigrant** _____

4 **destination** _____

5 **minimum** _____

6 **sermon** _____

7 **core** _____

8 **surgeon** _____

9 **physician** _____

10 **district** _____

11 **faculty** _____

12 **intellect** _____

13 **luxury** _____

14 **virtue** _____

15 **vice** _____

16 **grief** _____

---

1 외과 의사 _____

2 (출국)이민 _____

3 걸작, 대작 _____

4 핵심 _____

5 목적지 _____

6 설교 _____

7 (시간적)간격 _____

8 최소 한도 _____

9 내과 의사 _____

10 미덕; 장점 _____

11 능력; 재능 _____

12 악덕; 결점 _____

13 지성 _____

14 비탄 _____

15 구역, 지역 _____

16 사치; 사치품 _____

학년   반   이름

Score /32

1 **process** _____

2 **method** _____

3 **meadow** _____

4 **crime** _____

5 **sin** _____

6 **threat** _____

7 **extent** _____

8 **sewage** _____

9 **mass** _____

10 **shame** _____

11 **cliff** _____

12 **peninsula** _____

13 **specimen** _____

14 **victim** _____

15 **medium** _____

16 **basis** _____

---

1 방법, 방식 _____

2 (하수의)오물 _____

3 범죄, 죄 _____

4 과정; 공정 _____

5 위협 _____

6 범위, 정도 _____

7 초원, 목초지 _____

8 (도덕상의)죄악 _____

9 부끄럼 _____

10 매체 _____

11 벼랑, 절벽 _____

12 견본 _____

13 기초, 근거 _____

14 반도 _____

15 희생자 _____

16 덩어리; 무리 _____

학년   반   이름

1 **dialect** _____

2 **merit** _____

3 **defect** _____

4 **risk** _____

5 **mercy** _____

6 **fatigue** _____

7 **affection** _____

8 **theme** _____

9 **witness** _____

10 **corpse** _____

11 **scenery** _____

12 **pollution** _____

13 **auditorium** _____

14 **dormitory** _____

15 **orchard** _____

16 **moisture** _____

1 피로, 피곤 _____

2 결함 _____

3 방언, 사투리 _____

4 주제, 논제 _____

5 위험 _____

6 애정 _____

7 장점 _____

8 자비; 동정 _____

9 기숙사 _____

10 (사람의) 시체 _____

11 과수원 _____

12 풍경, 경관 _____

13 강당 _____

14 습기, 수분 _____

15 목격자 _____

16 오염 _____

Score /32

학년   반   이름 _____

1 **impact** _____

2 **inhabitant** _____

3 **reception** _____

4 **receipt** _____

5 **exceed** _____

6 **vary** _____

7 **detect** _____

8 **wither** _____

9 **nourish** _____

10 **disappoint** _____

11 **decay** _____

12 **devour** _____

13 **restore** _____

14 **surpass** _____

15 **interfere** _____

16 **resume** _____

---

1 발견하다 _____

2 거주자 _____

3 다르다; 변하다 _____

4 충격; 영향 _____

5 수령; 영수증 _____

6 시들다 _____

7 초과하다 _____

8 환영; 환영회 _____

9 게걸스레 먹다 _____

10 기르다 _____

11 능가하다 _____

12 썩다 _____

13 다시 시작하다 _____

14 실망시키다 _____

15 회복하다 _____

16 방해하다 _____

학년   반   이름 _____

1 **accumulate** _____

2 **wrinkle** _____

3 **anticipate** _____

4 **invest** _____

5 **refine** _____

6 **limit** _____

7 **heal** _____

8 **revenge** _____

9 **stammer** _____

10 **misuse** _____

11 **resolve** _____

12 **beckon** _____

13 **confess** _____

14 **mimic** _____

15 **enroll** _____

16 **thaw** _____

---

1 복수하다 _____

2 주름지다 _____

3 치유하다 _____

4 축적하다 _____

5 투자하다 _____

6 제한하다 _____

7 예상하다 _____

8 정제하다 _____

9 신호하다 _____

10 등록하다 _____

11 고백하다 _____

12 결심하다 _____

13 말을 더듬다 _____

14 녹이다 _____

15 오용하다 _____

16 흉내내다 _____

Score /32

학년 　 반 　 이름

1 **overhear** _____

2 **release** _____

3 **criticize** _____

4 **endanger** _____

5 **prolong** _____

6 **sustain** _____

7 **paralyze** _____

8 **exclaim** _____

9 **substitute** _____

10 **meditate** _____

11 **summon** _____

12 **linger** _____

13 **transplant** _____

14 **console** _____

15 **torment** _____

16 **dispose** _____

---

1 풀어주다 _____

2 지탱하다 _____

3 우연히 듣다 _____

4 위태롭게 하다 _____

5 소리치다 _____

6 비판[비평]하다 _____

7 마비시키다 _____

8 연장하다 _____

9 서성이다 _____

10 없애다 _____

11 호출하다 _____

12 괴롭히다 _____

13 명상하다 _____

14 위로하다 _____

15 대신하다 _____

16 이식하다 _____

Score /32

1 **enhance** _____

2 **overthrow** _____

3 **soothe** _____

4 **rage** _____

5 **dissolve** _____

6 **distress** _____

7 **supplement** _____

8 **retain** _____

9 **convey** _____

10 **devote** _____

11 **indicate** _____

12 **arouse** _____

13 **startle** _____

14 **hinder** _____

15 **invade** _____

16 **violate** _____

---

1 (가치)높이다 _____

2 계속 지니다 _____

3 녹이다 _____

4 보완하다 _____

5 격노하다 _____

6 전복하다 _____

7 괴롭히다 _____

8 달래다 _____

9 불러일으키다 _____

10 침략하다 _____

11 전달하다 _____

12 위반하다 _____

13 전념하다 _____

14 방해하다 _____

15 나타내다 _____

16 깜짝 놀라게 하다 _____

Score /32

학년   반   이름

1 **forbid** _____

2 **refrain** _____

3 **frustrate** _____

4 **eliminate** _____

5 **deceive** _____

6 **disguise** _____

7 **compensate** _____

8 **define** _____

9 **estimate** _____

10 **deny** _____

11 **transmit** _____

12 **interrupt** _____

13 **oppress** _____

14 **compel** _____

15 **disgust** _____

16 **restrict** _____

---

1 위장하다 _____

2 좌절시키다 _____

3 금지하다 _____

4 정의하다 _____

5 제거하다 _____

6 삼가다 _____

7 보상하다 _____

8 속이다 _____

9 제한하다 _____

10 어림잡다 _____

11 중단시키다 _____

12 강제로 시키다 _____

13 부인하다 _____

14 메스껍게 하다 _____

15 전송하다 _____

16 압박하다 _____

Score /32

1 **deprive** _____

2 **conform** _____

3 **reform** _____

4 **explore** _____

5 **demonstrate** _____

6 **abound** _____

7 **breed** _____

8 **rear** _____

9 **confuse** _____

10 **abuse** _____

11 **swear** _____

12 **curse** _____

13 **dedicate** _____

14 **embrace** _____

15 **participate** _____

16 **broadcast** _____

---

1 실증하다 _____

2 낳다 _____

3 빼앗다 _____

4 개혁하다 _____

5 키우다 _____

6 따르다 _____

7 많다 _____

8 탐험하다 _____

9 저주하다 _____

10 포옹하다 _____

11 방송하다 _____

12 남용하다 _____

13 참여하다 _____

14 혼란시키다 _____

15 (생애) 바치다 _____

16 맹세하다 _____

학년   반   이름

1 **impose** _____

2 **irritate** _____

3 **submit** _____

4 **deliver** _____

5 **approve** _____

6 **repent** _____

7 **abolish** _____

8 **deserve** _____

9 **acknowledge** _____

10 **reject** _____

11 **distort** _____

12 **distract** _____

13 **apologize** _____

14 **scorn** _____

15 **restrain** _____

16 **tease** _____

---

1 제출하다 _____

2 (법)폐지하다 _____

3 부과하다 _____

4 ~할 가치가 있다 _____

5 후회하다 _____

6 짜증나게 하다 _____

7 찬성하다 _____

8 배달하다 _____

9 괴롭히다 _____

10 (정신을)산란케 하다 _____

11 거부하다 _____

12 억제하다 _____

13 사과하다 _____

14 시인하다 _____

15 왜곡하다 _____

16 비웃다, 깔보다 _____

학년   반   이름 _____

Score /32

1 **surround** _____

2 **inhabit** _____

3 **abandon** _____

4 **dwell** _____

5 **cease** _____

6 **occupy** _____

7 **plead** _____

8 **engrave** _____

9 **conserve** _____

10 **ignore** _____

11 **emigrate** _____

12 **immigrate** _____

13 **deposit** _____

14 **withdraw** _____

15 **insult** _____

16 **install** _____

---

1 거주하다 _____

2 중지하다 _____

3 간청하다 _____

4 둘러싸다 _____

5 새겨넣다 _____

6 포기하다 _____

7 차지하다 _____

8 살다 _____

9 모욕하다 _____

10 인출하다 _____

11 보존하다 _____

12 이민오다 _____

13 설치하다 _____

14 이민가다 _____

15 무시하다 _____

16 예금하다 _____

Score /32

학년   반   이름 _____

1 **frown** _____

2 **betray** _____

3 **tolerate** _____

4 **correspond** _____

5 **consent** _____

6 **perceive** _____

7 **conceive** _____

8 **derive** _____

9 **discriminate** _____

10 **perish** _____

11 **rebel** _____

12 **modify** _____

13 **offer** _____

14 **contradict** _____

15 **permit** _____

16 **infect** _____

1 동의하다 _____

2 배반하다 _____

3 유래하다; 얻다 _____

4 일치하다 _____

5 참다 _____

6 인지하다 _____

7 눈살을 찌푸리다 _____

8 생각하다 _____

9 (부분적으로)수정하다 _____

10 허가하다 _____

11 차별하다 _____

12 제의하다 _____

13 죽다 _____

14 감염시키다 _____

15 거역하다 _____

16 부정하다 _____

학년　　반　　이름

1 **illuminate** _____

2 **pierce** _____

3 **prescribe** _____

4 **infer** _____

5 **hasten** _____

6 **torture** _____

7 **grumble** _____

8 **ponder** _____

9 **embody** _____

10 **discard** _____

11 **migrate** _____

12 **suspend** _____

13 **overwhelm** _____

14 **insert** _____

15 **entitle** _____

16 **enrich** _____

---

1 서두르다 _____

2 불평하다 _____

3 꿰뚫다 _____

4 숙고하다 _____

5 추론하다 _____

6 비추다 _____

7 고문하다 _____

8 처방하다 _____

9 (일시)중단하다 _____

10 삽입하다 _____

11 이주하다 _____

12 (구체적으로)나타내다 _____

13 풍요하게 하다 _____

14 (정신적으로)압도하다 _____

15 버리다 _____

16 권리를 주다 _____

Score /32

학년   반   이름 _____

1 **coincide**	9 **exaggerate**	
2 **extinguish**	10 **vanish**	
3 **convert**	11 **prohibit**	
4 **forecast**	12 **inquire**	
5 **magnify**	13 **prevail**	
6 **subscribe**	14 **confirm**	
7 **prosper**	15 **encourage**	
8 **circulate**	16 **stimulate**	

1 정기구독하다	9 이기다
2 예측하다	10 (법)금지하다
3 동시에 일어나다	11 격려하다
4 순환하다	12 과장하다
5 불을 끄다	13 자극하다
6 번영하다	14 사라지다
7 개조하다	15 확인하다
8 확대하다	16 문의하다

학년   반   이름 _____

1 **flatter** _____

2 **transform** _____

3 **guarantee** _____

4 **dominate** _____

5 **organize** _____

6 **diminish** _____

7 **ensure** _____

8 **imply** _____

9 **omit** _____

10 **revive** _____

11 **donate** _____

12 **inherit** _____

13 **transfer** _____

14 **active** _____

15 **passive** _____

16 **fit** _____

---

1 일변시키다 _____

2 암시하다 _____

3 조직하다 _____

4 지배하다 _____

5 책임지다 _____

6 비위 맞추다 _____

7 줄이다 _____

8 보증하다 _____

9 능동적인 _____

10 소생하다 _____

11 적합한 _____

12 상속하다 _____

13 수동적인 _____

14 빠뜨리다 _____

15 기증하다 _____

16 옮기다 _____

학년   반   이름

Score
/32

1 **accustomed** _____

2 **scary** _____

3 **diverse** _____

4 **humble** _____

5 **fragile** _____

6 **lean** _____

7 **dense** _____

8 **infamous** _____

9 **moist** _____

10 **numb** _____

11 **sultry** _____

12 **corrupt** _____

13 **exotic** _____

14 **reverse** _____

15 **steep** _____

16 **serene** _____

---

1 겸손한 _____

2 야윈 _____

3 다양한 _____

4 악명 높은 _____

5 익숙한 _____

6 빽빽한 _____

7 무서운 _____

8 깨지기 쉬운 _____

9 가파른 _____

10 부패한 _____

11 감각이 없는 _____

12 조용한 _____

13 이국풍의 _____

14 축축한 _____

15 반대의 _____

16 무더운 _____

학년   반   이름 _____

1 **converse** _____

2 **modest** _____

3 **rotten** _____

4 **distinct** _____

5 **distinctive** _____

6 **moderate** _____

7 **obstinate** _____

8 **superficial** _____

9 **numerous** _____

10 **imaginative** _____

11 **imaginary** _____

12 **subjective** _____

13 **scarce** _____

14 **rational** _____

15 **desolate** _____

16 **sullen** _____

---

1 독특한 _____

2 고집센 _____

3 부패한 _____

4 피상적인 _____

5 거꾸로 된 _____

6 적당한 _____

7 겸손한 _____

8 별개의 _____

9 이성적인 _____

10 주관적인 _____

11 가공의 _____

12 시무룩한 _____

13 많은 _____

14 부족한 _____

15 상상력이 풍부한 _____

16 외로운 _____

학년   반   이름

1 **thorough** _____

2 **positive** _____

3 **moral** _____

4 **fatal** _____

5 **temporary** _____

6 **permanent** _____

7 **infinite** _____

8 **internal** _____

9 **frequent** _____

10 **fundamental** _____

11 **tremendous** _____

12 **effective** _____

13 **momentary** _____

14 **momentous** _____

15 **selfish** _____

16 **peculiar** _____

---

1 치명적인 _____

2 무한한 _____

3 일시적인 _____

4 철저한 _____

5 내부의 _____

6 적극적인 _____

7 영구적인 _____

8 도덕의 _____

9 기본적인 _____

19 중대한 _____

11 빈번한 _____

12 별난; 고유한 _____

13 순간적인 _____

14 엄청난 _____

15 이기적인 _____

16 효과적인 _____

학년   반   이름

1 **spacious** _____

2 **comparable** _____

3 **sensible** _____

4 **sensitive** _____

5 **monotonous** _____

6 **slight** _____

7 **intense** _____

8 **trivial** _____

9 **potential** _____

10 **indispensable** _____

11 **inevitable** _____

12 **brilliant** _____

13 **indifferent** _____

14 **supreme** _____

15 **marvelous** _____

16 **alternate** _____

---

1 (양)적은 _____

2 널찍한 _____

3 격렬한 _____

4 필적하는 _____

5 민감한 _____

6 사소한 _____

7 단조로운 _____

8 분별 있는 _____

9 피할 수 없는 _____

10 놀라운 _____

11 무관심한 _____

12 불가결한 _____

13 하나 건너 _____

14 최고의 _____

15 잠재적인 _____

16 찬란한 _____

Score /32

1 **magnificent** _____

2 **unanimous** _____

3 **maximum** _____

4 **contemporary** _____

5 **annual** _____

6 **arrogant** _____

7 **excessive** _____

8 **invaluable** _____

9 **enormous** _____

10 **subtle** _____

11 **efficient** _____

12 **eternal** _____

13 **profound** _____

14 **minute** _____

15 **alert** _____

16 **threadbare** _____

---

1 교만한 _____

2 동시대의 _____

3 장대한 _____

4 과도한 _____

5 만장 일치의 _____

6 매우 귀중한 _____

7 최대한의 _____

8 연간의 _____

9 깊은, 심오한 _____

10 미묘한 _____

11 조심하는 _____

12 능률적인 _____

13 (의복이)낡은 _____

14 미세한 _____

15 영원한 _____

16 거대한 _____

학년   반   이름

1 **sociable** _____

2 **eminent** _____

3 **acute** _____

4 **greasy** _____

5 **courteous** _____

6 **legible** _____

7 **portable** _____

8 **desirable** _____

9 **easygoing** _____

10 **appropriate** _____

11 **extinct** _____

12 **polar** _____

13 **specific** _____

14 **obese** _____

15 **elastic** _____

16 **deserted** _____

---

1 (필적 등이)읽기 쉬운 _____

2 사교적인 _____

3 공손한 _____

4 휴대용의 _____

5 (통증이)심한 _____

6 저명한 _____

7 바람직한 _____

8 기름 투성이의 _____

9 명확한 _____

10 탄력 있는 _____

11 극지의 _____

12 적당한 _____

13 지나치게 뚱뚱한 _____

14 인적이 없는 _____

15 멸종된 _____

16 (태도가)느긋한 _____

Score /32

학년   반   이름

1 **liberal** _____

2 **crude** _____

3 **virtual** _____

4 **spellbound** _____

5 **favorable** _____

6 **cautious** _____

7 **stale** _____

8 **ingenious** _____

9 **outstanding** _____

10 **consistent** _____

11 **swift** _____

12 **recipe** _____

13 **stuffy** _____

14 **instructive** _____

15 **customary** _____

16 **transparent** _____

1 독창적인 _____

2 매혹된 _____

3 진보적인 _____

4 신선하지 않은 _____

5 사실상의 _____

6 호의적인 _____

7 천연 그대로의 _____

8 조심하는 _____

9 재빠른 _____

10 숨막히는 _____

11 관례적인 _____

12 눈에 띄는 _____

13 투명한 _____

14 조리법 _____

15 일치하는 _____

16 교육적인 _____

학년   반   이름 _____

1 **faulty** _____

2 **hoarse** _____

3 **apparent** _____

4 **suspicious** _____

5 **appetite** _____

6 **clue** _____

7 **protein** _____

8 **remarkable** _____

9 **fossil** _____

10 **nutrient** _____

11 **theft** _____

12 **oath** _____

13 **era** _____

14 **epoch** _____

15 **gene** _____

16 **heredity** _____

---

1 실마리 _____

2 목이 쉰 _____

3 놀랄 만한 _____

4 결점이 있는 _____

5 의심하는 _____

6 단백질 _____

7 분명한 _____

8 식욕 _____

9 서약 _____

10 화석 _____

11 유전 _____

12 신기원 _____

13 영양소 _____

14 유전자 _____

15 절도 _____

16 시대 _____

Score /32

학년   반   이름

1 **vapor** _____

2 **sequence** _____

3 **detail** _____

4 **aptitude** _____

5 **expedition** _____

6 **famine** _____

7 **instinct** _____

8 **panic** _____

9 **reservoir** _____

10 **despair** _____

11 **equipment** _____

12 **hazard** _____

13 **impulse** _____

14 **territory** _____

15 **weapon** _____

16 **avalanche** _____

1 증기 _____

2 기근 _____

3 적성 _____

4 본능 _____

5 연속 _____

6 공포 _____

7 세부 사항 _____

8 원정(대) _____

9 위험 _____

10 무기 _____

11 저수지 _____

12 (눈)사태 _____

13 장비 _____

14 영토 _____

15 절망 _____

16 충동 _____

학년   반   이름 _____

Score /32

1 **privilege** _____

2 **situation** _____

3 **authority** _____

4 **bias** _____

5 **expense** _____

6 **majority** _____

7 **minority** _____

8 **currency** _____

9 **altitude** _____

10 **board** _____

11 **alien** _____

12 **carbohydrate** _____

13 **counsel** _____

14 **contest** _____

15 **emergency** _____

16 **ornament** _____

---

1 권위; 권위자 _____

2 비용 _____

3 상태, 사정 _____

4 소수 _____

5 특권, 특전 _____

6 통화, 화폐 _____

7 대부분 _____

8 편견 _____

9 외국인, 외계인 _____

10 경쟁 _____

11 고도 _____

12 장식품 _____

13 조언 _____

14 식사 _____

15 비상사태 _____

16 탄수화물 _____

특목고 · 내신 대비 어휘 정복 프로젝트!!

Top
Vocabulary

중급
Level 3

Workbook